国際移動と移民政策
日韓の事例と多文化主義再考

有田伸・山本かほり・西原和久 編

国際社会学ブックレット 2

東信堂

「国際社会学ブックレット」刊行趣旨

　21世紀の今日、グローバル社会化は確実に進展してきている。ドイツの社会学者、ウルリッヒ・ベックが述べたように、「個々人の人生はすでに世界社会に対して開かれて」おり、「さらに世界社会は、個々人の人生の一部である」にもかかわらず、「政府は(依然として)国民国家の枠組みのなかで行為する」状況が続いている(U.ベック『危険社会』)。

　これまで社会学は実証性を求めて社会研究をおこなってきた。だが、ベックの言葉を再度借用すれば、それは「過去の忠実な再現でしかない」し、そうした「伝統的な学問による検討だけでは古い思想の殻を打ち破ることはできない」。いま求められるのは、「未だなお支配的である過去と対照することにより、今日すでにその輪郭をみせている未来を視野の内に据えることを追求する」ことではないだろうか。

　ここに、国際社会学ブックレットと銘打ったシリーズの小冊子を刊行する。その狙いは、国家のなかの社会だけを研究する「方法論的ナショナリズム」を乗り越えながら、グローバルな視野で未来を展望することである。各冊子の著者たちは、国際社会の現状をふまえて、それぞれの思いで未来への展望を語るであろう。それは「今日すでにその輪郭をみせている未来を視野の内に据える」試みである。

　単に狭い意味での社会学だけでなく、世界における、戦争と平和の問題、格差と差別の問題、そして地球環境問題などを含めて、このブックレットのシリーズが、読者諸氏の思索の一助となり、読書会や研究会、あるいはゼミなどでの議論の素材を提供できれば、それは望外の喜びである。

東信堂・国際社会学ブックレット企画刊行委員会
代表　西原和久・下田勝司

国際移動と移民政策／目次

序　章　本書成立の経緯と韓国社会の一位相………有田伸　3
　　　　──まえがきに代えて
　1. 本書成立の経緯と日韓ジョイントパネル　3
　2. 第8回日韓ジョイントパネルと韓国側の執筆者紹介　4
　3. 韓国における「人の国際移動」の背景条件：歴史的条件　6
　4. 外国人労働者の増加に関する背景条件　7
　5. 結婚移民の増加に関する背景条件　9
　おわりに　10

第1章　韓国への結婚移民…………………………李惠景　13
　　　　──推移とインプリケーション
　はじめに　13
　1. 韓国への結婚移民の推移および現況　14
　2. 国内の研究動向　15
　3. 結婚移民者を対象とした社会統合政策の現況および問題点　16
　4. 改善法案　17
　おわりに　20

第2章　非正規滞在者からみた日本の外国人政策
　　　　──本音とタテマエ …………………鈴木江理子　23
　1. 「外国人労働者問題」としての非正規滞在者　23
　2. 「必要悪？」として黙認された非正規滞在者　28
　3. 「不要」となった非正規滞在者　33
　4. 外国人政策の今後　38

第3章　韓国の外国人労働者…………………………薛東勳　47
　　　　──推移とインプリケーション
　1. 韓国の外国人労働者政策　47
　2. 韓国における外国人労働者の流入推移　50

3. 韓国の外国人労働者政策の評価と課題　54

第4章　オーストラリアの外国人労働者と多文化主義
　　──多文化主義後の社会統合？……………… 関根政美　59
　はじめに──「移民国家」と「非移民国家」　59
　1. オーストラリアの多文化主義　60
　2. EU諸国での多文化主義の失敗論とその背景　62
　3. インターカルチュラリズムとリベラル・ナショナリズム　64
　おわりに──民主主義国家は超多文化社会　66

第5章　討論：いま何が問われ、何が合意されているのか、
　　　　あるいは何が問われなかったのか……… 西原和久　71
　　　──トランスナショナルな視点から
　はじめに　71
　1. 各報告の視角とインプリケーション（1）　72
　2. 各報告の視角とインプリケーション（2）　73
　3. 問われたこと／問われなかったこと、そして各報告の位置づけ　75
　4. トランスナショナリズムという視点　78

終　章　「多文化共生」と「在日朝鮮人」……… 山本かほり　85
　　　──あとがきに代えて
　はじめに──日韓ジョイントパネル「人の国際移動と移民政策
　　　──日韓の事例・両国への示唆」を振り返って　85
　1. 「多文化共生」：「古くて新しい」課題？　86
　2. 「在日朝鮮人」問題からの視角　87
　3. 「在日朝鮮人」問題からの示唆　89
　4. 政策的な課題　91

　執筆者および訳者紹介　94

国際社会学ブックレット 2

国際移動と移民政策
――日韓の事例と多文化主義再考――

序章　本書成立の経緯と韓国社会の一位相
——まえがきに代えて

有田　伸

1. 本書成立の経緯と日韓ジョイントパネル

　本書は、2014年11月、神戸大学でおこなわれた第87回日本社会学会大会日韓ジョイントパネル「人の国際移動と移民政策を考える—日韓の事例・両国への示唆—」の内容を基にしたものです。日本社会学会は、社会学の国際的な学術交流を活発化するためにさまざまな活動をおこなっていますが、その中の1つに、韓国社会学会との学術交流協定に基づくジョイントパネルの開催があります。日本社会学会と韓国社会学会は2007年に学術交流協定を結び、この年から毎年、日韓ジョイントパネルを開催してきました。現在では中国社会学会、台湾社会学会との間にも学術交流協定が結ばれ、同様の共同事業がおこなわれていますが、韓国との学術交流が最も早くはじまったことになります。

　日韓ジョイントパネルとは、一言でいうと、それぞれの国で開かれる社会学会大会に、日本と韓国が共同セッションを設け、そこで日韓の研究者がそれぞれ報告し、議論を行う、というものです。この日韓ジョイントパネルは、2007年に韓国で開催されて以降、日本と韓国で交互に開催しており、2014年の神戸大学でのそれが8回目となります。

　この日韓ジョイントパネルの特徴は、第1に、日本と韓国の社会が共に直面している重要なトピックについて、両国の研究者が一緒に考えてみよう、という姿勢に基づいている点です。これまで日本側で開催され

たジョイントパネルのテーマをみると、「ナショナリズム論の展開・ナショナリズムの現在」(2008年)、「グローバル資本主義とジェンダー秩序の変容」(2010年)、「ソーシャルメディアは社会を変えるか？」(2012年)、そして今回の「人の国際移動と移民政策を考える」(2014年)と、いずれも両国において大きな関心が持たれているトピックがテーマとして選ばれていることがわかります。日本と韓国は、社会の構造や制度が比較的似通っていることから、それぞれの社会で生じ、関心を持たれている現象も互いに似通うことが多いといえます。それらのトピックについて日本と韓国の社会学者が共に議論し、またお互いの状況を理解していくことによって、日本の社会だけをみているよりも、議論の幅をはるかに広げていくことが期待できます。

日韓ジョイントパネルの第2の特徴は、報告や議論は基本的に日本語と韓国語を用い、翻訳や通訳を通じてコミュニケーションをはかっているという点です。もちろん英語を用いて議論を行う方が、全体的な労力や金銭的なコストはより少なくて済むかもしれません。しかし英語を用いた同種の国際シンポジウムや国際ワークショップが大きく増えているこんにち、それとは少し違う形で、すなわち、使い慣れた言語を用いて「気軽に」参加できる国際学術交流の機会を設けることにも少なからぬ意義があるように思います。実際、日韓ジョイントパネルは毎回かなりの盛況で、議論も大きく盛り上がります。もちろんこのような両言語の使用は、日本社会学会の会員・関係者に、日本語と韓国語の間の通訳や翻訳を難なくこなされる優秀な方々が十分いらっしゃるからこそ可能となったものではあります。

2. 第8回日韓ジョイントパネルと韓国側の執筆者紹介

2014年の日韓ジョイントパネルは、日本社会学会の2012-15年期国際交流委員会、特に委員長の西原和久(成城大学)、委員の山本かほり(愛知県立大学)、そして同じく委員の有田伸(東京大学)が主に担当しました。ま

ず今回のテーマとして、日本と韓国の双方の社会において重要性を持っており、またこれまで日韓ジョイントパネルでは扱ってこなかった「人の国際移動」の問題を扱うことを決めました。そして日本側の報告者として、日本の移民政策をご専門とされていらっしゃる鈴木江理子先生（国士舘大学）、さらに日本と韓国以外の視点からもご議論していただくべく、オーストラリアのエスニシティ問題と多文化主義をご専門とされていらっしゃる関根政美先生（慶應義塾大学）にそれぞれ登壇をお願いし、ご快諾を頂きました。また韓国側からは李惠景（イ・ヘギョン）先生（培材大学校）、薛東勲（ソル・ドンフン）先生（全北大学校）にご報告いただくことになりました。さらに委員長の西原和久先生が討論者をお引き受けくださいました。

日本側の先生方についてはよくご存じの方が多いと思いますが、日本の読者の方々にはなじみが薄いかもしれない韓国側の報告者（執筆者）の両先生を、ここで簡単にご紹介しておきましょう。

まず李惠景先生は、韓国の移民政策・多文化政策を専門とする研究者です。彼女は、ロサンゼルスに居住する韓国とフィリピンからの移民の社会経済的地位に関する研究によって、米国UCLAより社会学の博士号を取得されました。韓国に戻られた後は、韓国社会の移民政策や多文化政策の研究を主に手がけていらっしゃり、これまで韓国移民学会会長や韓国社会学会副会長なども務められています。

薛東勲先生は、韓国の外国人労働者について主に研究していらっしゃいます。韓国社会の外国人労働者の流入・適応に関する研究によって、ソウル大学より社会学の博士号を取得されました（ちょうどその時ソウル大学に留学していた私は、薛先生から直接博士論文を1部頂くという幸運を得ました）。さらに米国Duke大学でのポスドク等を経られた後、現在の職場に移られ、これまでに韓国調査研究学会副会長や韓国移民学会副会長などを務めてこられました。お二人の先生方は、活発な学術活動のみならず、移民問題に関する社会調査を主管されたり、マスメディアを通じた情報発信なども積極的に行っていらっしゃるなど、韓国側の報告者としてまさにうってつけの方々でした[1]。

当日の日韓ジョイントパネルでは、報告者・討論者の先生方による熱のこもったご報告・討論がなされ、さらにそれに続いて、韓国社会学会会長(当時)の尹浄老(ユン・ジョンノ)先生(KAIST)をはじめ、フロアの方々から活発な質問が寄せられ、3時間があっという間に感じられるほど充実したパネルとなりました。ご登壇くださった先生方、通訳・翻訳をご担当くださった金泰植さん、髙誠晩さん、ならびに会場にお越しくださった方々に改めて心よりお礼申し上げます。

3. 韓国における「人の国際移動」の背景条件：歴史的条件

　ここからは、韓国社会の問題が主たるテーマとなっている本書の2つの章をより良く理解していくために、韓国における「人の国際移動」に影響を及ぼしてきた背景条件について、ごく簡単に説明していきたいと思います。

　歴史をさかのぼってみると、前近代の朝鮮社会は基本的に農業社会であり、地域的な人口移動自体、それほど多くは生じていませんでした。しかし日本による植民地化と解放後の朝鮮戦争を経る中で、このような状況が大きく変わっていきます。まず植民地期の朝鮮では、土地調査事業や産米増殖計画をはじめとする総督府の政策や資本主義経済の浸透によって農民層の分解が進み、多くの農民たちが村を離れることになりました。しかし当時の朝鮮は産業がそれほど発達していませんでしたので、都市の人口吸収力は大きくありませんでした。このため、村を離れた農民たちのうち、かなりの部分が日本や満州へと移動していきました。

　後の章でも触れられていますが、韓国にやってくる移民のうち、中国からの移民がかなりの比重を占めています。そのうちの多くは中国東北部の朝鮮族です。彼ら／彼女らは、言語がほぼ共通しており、また文化的な類似性も高いため、韓国で働き、生活していくことの障壁が、他の外国人に比べてはるかに低いといえます。こうして中国の朝鮮族は、こんにちの韓国への移民の大きな流入源となっているのですが、そもそも

中国の朝鮮族は、植民地期、あるいはその前の時期に朝鮮半島から渡っていった人びとの子孫であり、彼ら／彼女らが再び韓国に戻ってきているものとも捉えられるのです。

また国土の内の広い範囲が戦場と化した朝鮮戦争も、人びとを農村から都市へと移動させた大きな要因の一つといえます。これらの要因は、韓国社会における人口の流動性を高め、その一部は国際的な人口移動にもつながっていったものと考えられます。

解放後の韓国の国際的な人口移動についてみると、1990年代に至るまで、韓国への人口流入よりも、外国への人口流出の方が圧倒的に多かったといえます。その多くは欧米への移民であり、特にアメリカへの移民が多かったといえます。しかし後の章でも触れられているように、1990年代より韓国への外国からの移民が大きく増え始めました[2]。この背景条件を、外国人労働者の増加と結婚移民の増加のそれぞれに関して、簡単に説明しておきましょう。

4. 外国人労働者の増加に関する背景条件

韓国において外国人労働者の拡大をもたらしている要因は、薛先生も指摘しているように、何といっても単純労働力の不足です。この単純労働力の不足という現象には、他国と共通の要因によって生じている部分と、韓国社会に独自の条件によって生じている部分の双方があるといえるでしょう。

解放後から1950年代までの韓国の労働市場は、労働力の過剰供給状態にありました。植民地からの解放を契機として、それまで国外に出ていた人びとが韓国に戻ってきたこと、また朝鮮戦争を契機として多くの人びとが農村を離れたことなどによって、都市部の人口は大きく膨らんだのですが、当時の韓国にはそれに見合うだけの産業が十分に成長していなかったのです。

しかし1960年代以降、韓国が「漢江の奇跡」とも呼ばれる急速な産業化

を遂げるにしたがって、状況は次第に変化していきます。急速に成長する製造業を中心として、第二次・第三次産業が過剰労働力を吸収していき、失業率も次第に低下していきます。またここで注目すべきは、天然資源に恵まれない韓国は、低賃金で豊富な労働力を唯一の「資源」として、労働集約型の産業を中心に経済開発を進めてきたという点です。そして当時の韓国政府は、労働者の賃金をできる限り低く抑え、これらの労働集約型産業の製品の輸出競争力を高めるために、労働組合の組織や活動を厳しく制限してきました。このため、1980年代半ばに至るまで、急速な経済成長を遂げながら、賃金はそこまで急激に上昇することはありませんでした。

　しかし1987年に、韓国は政治・社会の民主化を遂げ、労働運動に対する制限も撤廃します。こうして多くの企業において労働運動が活発となり、労使紛争が激化していきます。またその成果として、それまで抑えられていた労働者の賃金は大きく上昇していきました。

　韓国の外国人労働者が急速に増加したのは、まさにこのような状況においてでした。経営体力のある企業は賃金の上昇に対応していったのですが、人件費の高騰に耐えられない企業では、従来通りの安価な労働力として、外国人労働者に対する需要が高まっていったのです。韓国の労働市場において外国人労働者への需要が高まった経緯は、大まかにいえば以上のようなものなのですが、この問題には、さらに次の2つの要因が大きくかかわっています。

　第1に、韓国における急激な高等教育の拡大です。以前は高等教育への進学者は適齢人口の2〜3割程度に限られていたのですが、1980年前後と、1990年代後半の2つの時期に高等教育の入学定員が大きく拡大され、その後は高校卒業者の8割以上が四年制大学や専門大学[3)]に進学するようになりました。高等教育にまで進学した場合、卒業後は当然、その学歴に見合った仕事、たとえば専門技術職をはじめとするホワイトカラー職に就くことを望むようになりますので、比較的技能程度の低い単純な仕事に就こうとする労働力が減少していきます。また韓国では、ブ

ルーカラー職とホワイトカラー職の間の「職業威信」の格差が大きいことも、このようなホワイトカラー職志向に拍車をかけているといえるでしょう。これらの理由により、韓国における単純労働力の不足はいっそう深刻なものとなったのです。

　第2に、韓国では大企業と零細企業の間に労働条件の非常に大きな格差が存在していることです。韓国の企業というと、サムソンや現代などの財閥系の大企業が思い浮かぶ場合も多いと思いますが、それら以外に零細な企業も数多く存在しています。しかもそれらの零細・小企業は、経営基盤が脆弱で、また法律で定められている労働基準の遵守や社会保障制度の適用が十分になされていなかったり、その対象外になっていることもあるため、労働条件が劣悪な場合もかなりあります。そのため、労働条件の劣る零細・小企業では、労働力の不足がより深刻化していったのです。

　以上が、零細・小企業のブルーカラー職を中心として労働力の不足をもたらし、外国人労働者に対する需要を大きく高めた背景条件です。一方で、高等教育を修了した若者たちの間では深刻な就職難が問題となっており、こんにちの韓国では、高学歴労働力の供給過剰と、単純労働力の不足とが同時に生じていることになります。

5. 結婚移民の増加に関する背景条件

　次に、結婚移民の増加に関する背景条件についてみていきましょう。当初、韓国への結婚移民は、結婚相手がなかなか見つからない農村の独身男性との結婚のための移民が多かったといえます。産業化の進展とともに、韓国の農業人口はますます減少しており、2000年代には全就業者の1割を切る水準となりました。このような農業人口の急激な減少は日本などでも共通してみられる傾向ですが、より詳細にみると、韓国では2000年代に入っても、全農家のうち専業農家（農業のみで生計を立てている農家）の比率が6割前後とかなり高い水準にあります[4]。日本では、地方

にも第二次産業や第三次産業の就業機会が比較的多いのに対し、韓国では製造業が都市部や一部の地域に集中していることもあり、農業以外の就業機会を得ることが難しい状況にあります。

　農家の子弟の結婚難は、このような状況において生じているものでもあります。農業人口が減少しつつあるとはいえ、農家の子弟のうちの一定数は、農業を継ぐため、農村社会に残っています[5]。しかし彼らは、農業以外の就業機会を持つチャンスが少ないため、同世代の異性と知り合う機会も限られてしまいます。さらに、農家の子弟と結婚した場合、結婚相手も農業以外の就業機会を持ちづらくなってしまいますが、近年の女性の急速な高学歴化などにより、働くとしても農業以外の仕事を持つことを希望する女性が増えています。こうして、農家の子弟の結婚が以前よりも難しくなっているのです。

　このような状況において、韓国では、外国人の女性と結婚する農村男性が増えていきました。当初は朝鮮族をはじめとする中国人女性との結婚が多かったのですが、その後は、ベトナムやフィリピンなど、東南アジアからの結婚移民も増えています。

　さらに、このような結婚移民の増加は、その後農村部のみならず、都市部でもみられるようになりました。女性の高学歴化などの要因によって女性の晩婚化・未婚化が進んだこともあり、結婚相手を見つけられない男性は都市部にも多くなってきたこと、さらに国際結婚のあっせん業者が増えたことや、インターネットの発達により海外とのコミュニケーションがとりやすくなったことなども、このような結婚移民の増加をもたらしているといえるでしょう。

おわりに

　韓国は、経済の海外依存度が高く、また地理的にもユーラシア大陸の一部であるため、日本と比べても、グローバル化がいっそう進みやすい条件が整っています。このために、資本や物資のグローバル化のみならず、

「人」のグローバル化も同様に進みやすいといえるかもしれません。

　このように日本とは似通っているけれども、少し違うところもある韓国の状況を理解し、さらにそれをふまえた上で日本社会の問題を考えていくと、これまでとは少し違う見方ができたり、別の問題を発見できたりするかもしれません。本書がそのために少しでも役立てば編者としてこれ以上の喜びはありませんし、また今回の日韓ジョイントパネルの目的も、十二分に達成されたことになるといえるでしょう。

注

1) 当時、李恵景先生は韓国社会学会副会長、また薛東勲先生は学会誌編集委員長を務めていらっしゃいました。
2) 特に、1992年に朝鮮族が多く居住する中国との国交回復がなされたことは、その大きなきっかけとなりました。
3) 制度的には日本の短期大学に相当しますが、教育内容の面では、主に職業教育を行っているという点で、専門学校に近いといえます。
4) 日本では同じ時期、専業農家の比率が3割を切っています。
5) 韓国ではやはり「男性が家を継ぐ」という発想が強いため、息子が農家を継ぐのが一般的です。

文　献

有田伸, 2006,『韓国の教育と社会階層――「学歴社会」への実証的アプローチ』東京大学出版会.
中尾美知子, 2010,「韓国の『結婚移民者』にみる流動と定着」『岩手県立大学社会福祉学部紀要』12(2): 41-50.
春木育美・薛東勲(編), 2011,『韓国の少子高齢化と格差社会――日韓比較の視座から』慶應義塾大学出版会.
樋口倫生, 2012,「韓国農業の構造変化」農林水産研究所(編)『欧米の価格・所得政策と韓国のFTA国内対策』農林水産研究所, 55-78.
深川博史, 2005,「日韓農業の構造比較――稲作と農民高齢化」『経済学研究』71(4): 15-32.

第1章　韓国への結婚移民
──推移とインプリケーション

李惠景（イ・ヘギョン）

はじめに

　日韓ジョイント・セッションの主題が、「東アジアにおける transnational な人の移動[1]」であることが印象的です。なぜ単に人の移動といわないで、transnational な人の移動というのか、そして地域的にはなぜアジアでなく東アジアなのか、という疑問が浮上するためです。これに対する私なりの考えを述べれば、まず国際移住（移民）現象それ自体が、過去には一方向だった移動から最近では両方向（または循環）的な移住へと変わったために、ただ移動するのではなく絶えず循環してさまざまな国家にまたがるという超国家的な移民の変化を、このセッションの題名はよく表しているように思われます。また日本と韓国が共に東アジアに属しているため、東アジアが私たちの一次的な関心地域ではあるものの、それ以上に移民（国際移住）現象においては東アジアがもつ特殊性がありますので、これを取りあげようという意味として理解しました。
　これまで移民と関連した研究や政策の大部分は、労働者の移民（labor migration）または経済的移民（移民の主な動機が経済的な理由）のみに焦点を当てており、結婚移民（marriage migration）は比較的最近の現象で、この用語もまた新しい用語です。過去には国際結婚、国家の境界を越える結婚（cross-border marriage）、種族集団の範疇を越える結婚（inter-marriage）などと呼ばれました。しかし最近の「結婚移民」という現象は、「結婚（市場）の世界化」

と「結婚を通した移民」という二つの現象が複合的に絡み合いながら起きている現象です。そして、このような結婚移民現象は全世界的にみられる現象ですが、他の地域(アメリカやヨーロッパ)に比べ、東アジア(アジア)においてより集団的に、またより大規模に起きているという特徴があります。時期的には、まず日本で始まり、その後に台湾と韓国などで拡大し、今後は中国でも深刻な問題になると展望されています(Lee 2010)。

　本章は、これまで筆者が出版したさまざまな論文を中心に、韓国における結婚移民の推移とインプリケーションについて再構成したものです。具体的には韓国における結婚移民の推移と国内における研究動向を簡単に振り返り、結婚移民者を対象として社会統合政策の現況と問題点、そしてその改善法案などを扱うこととします。

1. 韓国への結婚移民の推移および現況

　韓国は1990年代初めを基点に、「国際結婚送出国」から「国際結婚受入国」へと変貌しました。1990年代以前までの韓国人の国際結婚は、貧しい韓国の娘たちが主にアメリカまたは日本に結婚移民をし、国内への結婚移民は非常に珍しかったのです(イ・ヘギョン 2005; 2010; Lee 2008)。しかし1990年代以後、外国人が韓国に結婚をして入ってくるケースが増加しました。これは、隣国である中国と東南アジアの女性にとって韓国の地位が高まり、移民の一つの通路として国際結婚が大きく増加した結果であり、同時に国内にすでに入ってきている外国人労働者との国際結婚も増加したためです。1990年代には農村の未婚男性の結婚事業などで、主に中国同胞との国際結婚が大きく増加しましたし、1990年代末からはフィリピン人などの外国人妻の国籍が多様化し始めました。2005年には、結婚全体の約14%が国際結婚を占めるほど大きく増加し、その後は若干減少し、現在は結婚全体の約8%程度が国際結婚です。一方で、90年代中盤以後は結婚移民者の70%以上が韓国人男性と結婚する外国人女性であったのに対し、最近では韓国人女性と結婚する外国人男性も増加して

います。

　2014年1月1日を基準として、韓国に居住している外国人全体の規模は160万人で、これは韓国の人口の3.1％に該当します。そして、結婚移民者(帰化者含む)の数は約30万人になり、外国人滞留者の19％に達しています(安全行政府2014)。

2. 国内の研究動向

　韓国では、1990年に入って国際移住に対する研究が徐々に始まり、2006年以後には「多文化熱風」と呼ばれるほど「結婚移民女性」と「多文化」に関連した研究が急増しました。これは学界における重要な変化を引き起こし、多文化および移民関連学会が胎動し拡大しました。まずKMRN (Korea Migration Research Network)の会員(主に社会学)は、経済学、法学、人類学、政治学などのさまざまな学問分野の学者らとともに、2007年に学際的な「韓国移民学会」を設立しました[2]。2008年以降には、「韓国多文化学会」、「韓国多文化教育学会」、「移民人種学会」などのさまざまな学会ができ、韓国社会学会、韓国人口学会はもちろん、韓国家族学会、韓国女性学会、韓国行政学会、社会福祉学会などのさまざまな分野の既存の学会でも、移民および多文化関連の研究と活動が活発になっています(イ・ヘギョン2014)。

　1990年代以降、国内における結婚移民者流入が大きく増加しましたが、この現象が政界の関心を引くことになったのは2000年代以降のことです。1990年代中盤以降に市民団体と学界によって提起された国際結婚家庭の問題は、2000年代初めに農村地域の国会議員の関心の対象となりました。2004年には、何人かの国会議員が保健福祉部に国際結婚家庭の実態把握を依頼しました。その結果、保健福祉部の委託事業として2004年12月から2005年6月にかけて、国際結婚家庭に対する最初の全国的な実態調査が実行されました(ソル・ドンフン他2005)。この調査結果を基に、2006年4月、政府は「女性結婚移民者家族の社会統合支援対策」を発表しました。

2006年以降になって、多文化家族に関連したさまざまな支援政策が急増し、関連研究も大きく増加しました。初期の研究は、その大部分が女性結婚移民者とその家族に対する支援政策および社会統合政策関連でした。しかし関連研究が急増するなかで、主題もこうした人びとの生活状態、健康と心理、満足度など、非常に多様化してきています。一方、最近では結婚移民者の経済的適応および労働市場の統合に関連する研究も活発になっています。

3. 結婚移民者を対象とした社会統合政策の現況および問題点

　韓国社会に外国人労働者が流入して25年を越えましたが、彼ら／彼女らは国内福祉政策の対象とみなされて来ませんでした。彼ら／彼女らは「一時的な招請労働者(temporary guest workers)」とみなされました。つまり、定住者ではないので国内福祉政策の対象にならないとされたのです。しかし、1990年代以後に表面化した結婚移民者の規模が2000年代に入り急増し、これらの人びとは定住移民者であったために福祉の観点から注意深くアプローチされました。特に韓国の家父長制的な家族主義とかみ合わさって、これらの人びとが内国人男性の夫人、嫁、母と認識され始め、社会統合および福祉の積極的な対象として浮上しました。特に2000年代以降、少子化・高齢化が主要な社会的イシューになり、このような人口問題（人口危機）に対する一つの解決策として、結婚移民者に対する関心がより一層大きく高まったのです。

　2006年4月26日に、大統領直属の「貧富格差・差別是正委員会」と教育人的資源部、外交通商部など12部署が共に、政府レベルの「女性結婚移民者家族の社会統合支援対策」を発表して以降、結婚移民者および多文化家族に対する支援政策が急増しました。特に2007年「在韓外国人処遇基本法」、そして2008年の「多文化家族支援法」の施行により、その法的な根拠が用意されたのです。このような法を根拠として、2008年12月に「第1次外国人政策基本計画(2008〜2012)」が、そして2010年5月には「第

1次多文化家族支援政策基本計画」が樹立されました。2012年には、女性家族部と法務部がそれぞれ第2次基本計画を用意しました。それまで多文化家族に対する政策の主務部署は保健福祉部でしたが、現在では女性家族部となっています。

　これまで結婚移民女性と多文化家族に対する支援政策は、2006年以後の非常に短い期間にも関わらず、その予算の増加と政策伝達体制の構築（多文化家族支援センターなど）など、注目すべき成長を見せました。しかし、非常に短い期間に推進されたため、いくつかの問題点も指摘することができます。

　最も重要な問題点は、外国人および多文化家族支援政策が巨視的な移民政策として把握されず、偏狭な家族政策や恩恵授与的な「与える式」支援政策に変質しているという点であります。すなわち、移民政策の選別原則がよく守られる場合は、移民者に対する福祉政策は人権、多様性尊重、権利および義務保障など普遍的原則に従い正しく実行されることができますが、しかし韓国の場合、選別原則は無視したまま統合および支援政策に過度に集中する傾向があります。

　このような現象は、政策対象と業務の行き過ぎた偏重として現れます。すなわち、政策対象、観点、方法、予算執行などの偏重が深刻となっているのです。部署別社会統合事業と予算のほとんどの(75%以上)が、これまで外国人滞留者の15%程度であった結婚移民者と子どもなど多文化家族に集中してきたのです。その結果、政府の外国人政策に対する誤解と混線が引き起こされて、一部では反多文化関連団体やインターネット上の掲示板などで「反多文化」感情が表出されています。

4. 改善法案

　今後の望ましい多文化社会のために、現在の結婚移民者および多文化家族に対する社会統合政策の改善方案に対するさまざまな提案がなされています(イ・ヘギョン 2012; イ・ヘギョン他 2013 など)。この中で最も強調

したいのは、次のとおりです。

　第一に、多文化家族という名称を変える必要があります。韓国では2000年代初め、「混血人」という差別的な用語の代わりに、「多文化家庭二世」という用語を使おうという市民運動がありました。しかし政府が2006年4月に、「結婚移民者家族の社会統合支援対策」を発表して以降、これらの家族を多文化家族と呼び始め、あたかも「多文化」は「結婚移民」を意味する用語のようになってしまったのです。そうして、多文化家族、多文化主義、多文化などとの概念的な混乱が引き起こされているのです。

　第二に、社会統合政策の政策対象をより一層拡大する必要があります。社会統合および福祉政策の対象を、国民（帰化者含む）と結婚した外国人、特にその間に子どもがいる場合などに制限して、内国人との結婚（家族）と出産（血統）を過度に強調する韓国の現実は、もちろん全世界的な傾向とも矛盾します。これはまずひとり世帯、ひとり親家族、事実婚家族などの家族の類型が日増しに多様化する韓国の現実を考慮しないものです。さらに最近、定住移民と一時移民の区別自体が次第に明確ではなくなってきている全世界的な移民傾向を看過するものでもあります。

　したがって韓国は今後、結婚移民者はもちろん、外国人滞留者に対する政策的発想の転換が必要です。基本的な視点において、内国人の家族だから社会統合および福祉の対象とするというのではなく、韓国に合法的に滞留する場合はみな福祉の対象になることができるような、観点の転換が必要だといえるでしょう。

　第三に、普遍的福祉へと進む必要があります。現在の韓国の多文化家族に対する社会統合政策は、結婚移民者だけを対象に特別プログラムが非常に華々しく行われています。先進福祉国家と韓国の移民者統合政策を比較した場合、韓国の現行政策は非常に細分化されているのに対して、ヨーロッパの先進国の政策は、①滞留資格と国籍関連政策、②移民者のための言語と適応教育が目立つだけで、残りの政策は特にありません。その理由は、その国に居住するすべての国民・住民を対象にする「普遍的サービス」に基づいて移民者統合問題を解決する比重が大きいため

です。現在の韓国の結婚移民者家族の生涯周期別に多様に広げられている多文化福祉支援と関連して、いつまで、どの段階まで、そしてどの程度まで支援するのかという疑問を感じます。これよりは、かえって「基本に忠実にしよう！」と提案したいと思います。すなわち外国人に対しては、韓国語教育の義務化を通じて初期「韓国語教育」を強調し、その後の問題は個人(家族)に委任しようということです。過度にいちいち詳細に支援する必要はないということです。その一方で、一般韓国人に対する「多文化教育」の拡大が非常に重要です。すなわち、それぞれの多文化家族の客観的状態に合わせて、内国人との差別(区別)なしに支援するという原則を立てたら良いと思われます。

　第四に、そのためには、移民者に対する社会統合政策と移民者の選別政策が互いによく連携されなければなりません。移民政策は、(1) 出入国政策、(2) 外国労働者活用政策、(3) 社会統合政策の三段階で形成されていますが、これまで韓国では、移民政策と社会統合政策があたかも別個の政策であるようにそれぞれ議論されてきました。結婚移住は労働移住と切り離して考えることはできません。その理由は、アジアにおける結婚移住は労働移住の女性バージョンであるためです。つまり脱冷戦による中国とベトナムなど旧社会主義国家の開放と、これら地域を含んだ東南アジア地域において女性の移住熱はより強くなりましたが、圏域内の移住の通路は非常に狭いという現実が、結婚移住を引き起こしたためなのです。

　さらに、最近の多文化主義の失敗と成功として比較されるヨーロッパ対カナダ・オーストラリアの事例は、移民政策内の選別政策と社会統合政策との関連をよく示してくれています。最近、ドイツ、英国、フランスなどヨーロッパの主な首脳たちが、「多文化主義(政策)の失敗」を宣言しました。これは9・11の出来事以後、アラブとイスラムがアメリカとヨーロッパなどで国家安保の脅威と認識され、多文化主義が弱まる現象として理解されたりもしています。一方、カナダとオーストラリアは多文化主義的社会統合の成功モデルとみなされてきました。しかし多文化主義

政策の失敗と成功は、社会統合政策自らの問題ではなく、選別的な移民政策のためであるという分析が説得力を持っています (Hartwich 2011)。これによれば、カナダとオーストラリアは英語の点数と技術の水準などの「ポイント制」で移民者を選別して、要するに社会統合が容易な移民者だけを受け入れてきたので、社会統合がうまくいったということです。しかしドイツと英国などヨーロッパの国家は、「招請労働者（ゲスト・ワーカー）」政策をとり、移民者を選別しなかったために、結局のところ福祉国家にとって大きな負担となったのです。つまり、社会統合政策の成否は選別的移民政策にかかっているのです。もちろん、どのような選抜基準が重要であるのかに対しては、より本格的な議論が必要ではあるものの、今後、結婚移住と労働移住は移民政策という大きな枠組みの中で一緒に取り扱われる必要があります。

最後に、多文化家族福祉政策は、現在の人口政策と家族政策から抜け出して、今後は女性政策として刷新される必要があります。すなわち、国際結婚の重要な背景であるアジア地域の「女性問題」を看過してはいけないでしょう (Lee 2008; 2010)。

おわりに

これまで、移民に対する研究は労働移民または経済的移民だけが注目され、結婚移民現象は大きな注目を受けることができませんでした。しかし、東アジアでの国際結婚（または、結婚移民）の増加は、少子高齢化の急速な進展を受け、個人の選択というより老父母扶養のための家族戦略や社会的圧力（風）により、西欧とは規模、過程および方法など大きく異なった様相を見せています。特に労働移民の通路が非常に狭い東アジア地域の特殊性は、「風船効果」を誘発し、移民の新しい通路として結婚移民が増加したのです。

東アジアで増加している国際結婚は、東アジア社会の家父長制、家族主義、そして国家主義という三種類のイデオロギーと関連があり、同時

にこのようなイデオロギーに挑戦することになります。さらに、国民（市民）の基準とアイデンティティに対する重要な問いも提起します。したがって、国際結婚または結婚移民に対する東アジア国家間の比較研究はもちろん、今後この分野に関するより一層本格的な研究が活発になることを期待している次第です。

注

1) 報告依頼時の仮主題（編者注）。
2) 韓国では 1996 年に KMRN (Korea Migration Research Network) が作られた。当時オーストラリアのウーロンゴン大学に在職していたスティーブン・カースルズ教授によって主導された APMRN (Asia Pacific Migration Research Network) は、環太平洋の様々な国家に国家別組織を誘導した。1995 年から 2003 年の間に APMRN の活動に参加した国家は 17 ヶ国である（イ・ヘギョン 2011: 40; 2014: 146-147）。

文　献

安全行政部，2014,『2014 年地方自治団体外国人住民現況（韓国語）』安全行政部.
イヘギョン，2005,「婚姻移住と婚姻移住過程の問題と対応（韓国語）」『韓国人口学』28 (1) : 73-106.
イヘギョン，2010,「アジア女性の移動と国際結婚（韓国語）」チェウォンシク・ペクヨンソ・シンユンファン・カンテウン編『交差するテクスト，東アジア』創作と批評社.
イヘギョン，2011,「韓国移民政策史（韓国語）」チョンギソン編『韓国移民政策の理解 (IOM 移民政策研究院移民政策研究叢書 1)』白山書堂.
イヘギョン，2012,「中央政府の多文化社会統合政策と連携および調整法案（韓国語）」キムナングクほか『韓国の多文化社会統合政策：総合評価と代案』社会統合委員会.
イヘギョン，2014,「国際移住・多文化研究の動向と展望（韓国語）」『韓国社会』15 (1) : 141-173.
イヘギョン・ソルドンフン，2013,「多文化家族の福祉と韓国の未来（韓国語）」韓国社会学会『和合社会のための福祉』6: 241-273.
Lee, Hye-Kyung, 2008, "International Marriage and the State in South Korea: focusing on governmental policy," *Citizenship Studies*, 12(1): 107-123.
Lee, Hye-Kyung, 2010, "Family Migration Issues in the North East Asian Region" *International Organization for Migration*, World Migration Report 2010 Background Paper.
ソルドンフン・キムユンテ・キムヒョンミ・ユンホンシク・イヘギョン・イムギョンテク・チョンギソン・チュヨンジュ・ハンゴンス，2005,『国際結婚移住女

性の実態調査および保健・福祉支援政策方案(韓国語)』保健福祉部.
Hartwich, Oliver Marc, 2011, *Selection, Migration and Integration: Why Multiculturalism Works in Australia (And Fails in Europe)*, Centre for Independent Studies (CIS) Australia.

[訳:金泰植(キム・テシク)]

第2章　非正規滞在者からみた日本の外国人政策
——本音とタテマエ

鈴木江理子

非正規滞在者とは、領土を所有する主権国家の承認をえることなく、領土内に滞在している外国人（当該国の国籍をもたない者）をいいます。具体的には、「不法」残留者、「不法」入国者や「不法」上陸者[1]であり、当然ながら、国家にとっては「好ましくない外国人」です。けれども、非正規滞在者の存在が問題視される文脈は、国や時代によって異なり、それに応じて、当局による実質的な対応にも違いがみられます。

本報告は、かつて送出し国であった日本が、外国人労働者受入れ国へと転換する1980年代後半以降を対象として、当局による非正規滞在者への対応を、本音とタテマエという視点から通時的に分析することによって、日本の外国人政策に通底する課題を批判的に検討します。

1.「外国人労働者問題」としての非正規滞在者

(1) 1980年代後半、男性「不法」就労者（「ジャパゆきくん」）[2]の急増

1980年代後半、バブル景気の労働力不足の時代、政府主導で「時短」が推進されたこともあり[3]、供給源としての国内労働力は、増大する需要を満たすに十分ではありませんでした（プル要因）。加えて、プラザ合意を契機とした周辺アジア諸国との経済格差の拡大、従来の外国人労働者受入れ国であった中東産油国の不況といったプッシュ要因も重なり、労働市場の需要に応えるかのように、議論や政策に先行して、生産現場や建

設現場、飲食店などで働く海外からの外国人男性を多数見かけるようになりました。彼らのほとんどが合法的な就労資格をもたない外国人(「不法」就労者)です。

1986年に刊行された『出入国管理』には、今後の課題として「外国人労働者の入国問題」が取り上げられ、1988年には「不法」就労の摘発者数で男性が女性を上回るなど、男性「不法」就労者(「ジャパゆきくん」)の増加が社会問題化しました(図1)。

実態としての外国人労働者の急増をうけ、その受入れの是非が議論された結果、1988年6月、専門的・技術的労働者は「可能な限り受け入れる方向で対処する」一方で、いわゆる「単純労働者[4]」は「十分慎重に対応する」(すなわち、受け入れない)という基本方針が閣議決定されました(「第六次雇用対策基本計画」1988年6月)。

1989年12月、前述の雇用対策基本計画をうけて、出入国管理及び難民

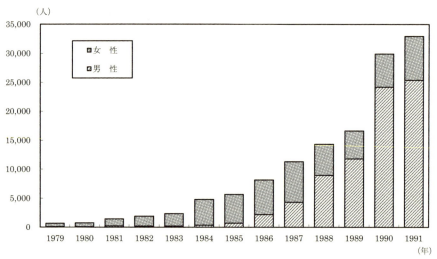

図1 入管法違反事件における「不法」就労者数の推移

注)1979年と80年は、資格外活動事犯のみの数値である。1981年から90年までは、資格外活動と資格外活動がらみの「不法」残留事犯であり、1991年は、「不法」入国・上陸や刑罰法令違反者等で「不法」就労に従事していた者も加えた数値である。
出所)法務省資料をもとに筆者作成

認定法（以下「入管法」と表記）が改定されました（以下、「89年改定入管法」と表記、翌90年6月施行）。そして、入管法で規定される27の在留資格のうち、「教授」、「投資・経営」などの14の在留資格に該当する労働者のみが、専門的・技術的労働者とみなされることになりました。その結果、これらに該当しない職種はすべて、入管法上「単純労働者」に分類され、労働者としてフロントドアから入国する道が閉ざされてしまいました[5]。けれども、現実の労働市場が求め、かつ「不法」の形で供給されていた労働力は、いわゆる「単純労働」に分類された職種です。さらに、「不法」就労を抑制するために、「不法」就労者を斡旋・雇用する者を処罰する「不法」就労助長罪が創設されました。

(2) サイドドアからの「単純労働者」導入①：日系南米人

　バックドアからの労働者である「不法」就労者（非正規滞在者）を排除するという政策（タテマエ）のもと、いわゆる「単純労働」を求める市場の需要に応えるためには、非正規滞在者に代わる労働力供給の選択肢が必要となります。

　89改定入管法では、就労に制限のない身分または地位に基づく在留資格として「定住者」が創設されました。そして、施行直前の翌90年5月の告示で、日系三世（とその配偶者、及び未婚未成年の子ども）に、当該在留資格が付与されることが示されました[6]。

　これを契機として、かつての日本人移住者の受入れ国であり、政治的経済的に不安定であったブラジルをはじめとする南米諸国から、豊かな「祖国」での仕事を求めて多くの日系南米人が来日することになりました。フロントドアからの専門的・技術的労働者受入れとバックドアからの労働者の抑制を目指したはずの89年改正入管法が日本社会にもたらした最大の変化は、日系南米人の急増であったといっても過言ではありません。1988年末にはたった4,159人であった在日ブラジル人は、改定法施行後の1990年末には56,429人、1992年末には147,803人へと急増しました（図2）。

　日系南米人に対する優遇措置は、日本人との「血のつながり」を根拠（タ

テマエ)としたものであるといわれていますが、日系南米人増加の一因は、合法的な「単純労働者」を求める市場の需要がありました。そのため、日系南米人の大多数が、彼/彼女らの「故郷」ではなく、愛知県豊田市・豊橋市、静岡県浜松市、群馬県太田市・大泉町といった自動車や電気機器などの製造業が集積する特定地域に居住し、派遣や業務請負といった雇用形態で生産工程のライン作業などに従事することになりました。

2010年国勢調査によれば、ブラジル人の66.1%が製造業に従事しており、日本人の15.9%に比べて極めて高くなっています。さらに、外国人雇用状況届出報告(2014年10月末現在)をみると、ブラジル人の55.0%が間接雇用で働いています(外国人全体では22.7%)。日本に長期滞在するなかで、仕事に必要な技能等を習得したり資格を取得し、直接雇用の安定的な地位で働く者や自営業者も現れ始めていますが、今なお、斡旋業者やエス

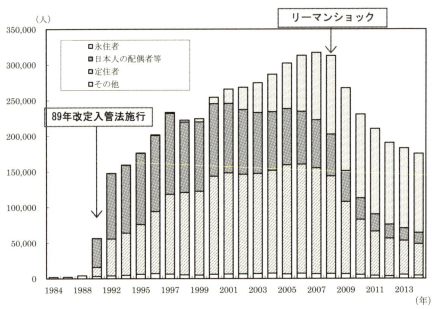

図2 ブラジル人の在留外国人(外国人登録者)数の推移

注)各年末現在の在留資格別及び総数を示す。だたし、1988年までは総数のみである。
出所)(財)入管協会『在留外国人統計』(各年版)をもとに筆者作成

ニック・ネットワークを頼って住居や就職先をみつけ、生活の場でも仕事の場でも同国人に囲まれ、日本社会とのつながりをほとんどもたない日系南米人も少なくありません[7]。

リーマンショック後に日系南米人が直面した収入激減や失業といった現実や多くの既存研究が示す通り、89年改定入管法の施行以降、日系南米人は、生産需給の変動に応じて調整可能な柔軟な労働力として活用されていきます。

ところで、「定住者」や「日本人の配偶者等」（日系二世が該当）という安定的な在留資格を付与され、在留期間の更新も比較的容易であることから、来日の早い時期から、家族を伴って来日する者が多いことも日系南米人の特徴です。この点は、同じくサイドドアからの「単純労働者」でありながら、後述する研修生や技能実習生と大きく異なっています。

(3) サイドドアからの「単純労働者」導入②：研修生・技能実習生

89年改定入管法では、それまで「留学」の一形態として位置づけられていた「研修」（旧「4-1-6の2」）が、独立した在留資格「研修」として創設されました。留学の一形態であったということからもわかるように、研修生は「学ぶ者」であって「労働者」ではありません。研修制度の目的は日本の優れた技能・技術・知識を途上国に移転するという国際貢献（タテマエ）です。

89年改定入管法の施行時には、派遣機関が日本企業の現地法人や合弁会社などに限られ、従業員50人未満の企業は研修生を受け入れることができず、受入れ人数も従業員20人あたり研修生1人でした。しかし、人手不足に窮する中小企業からの要望に応える形で、施行直後の1990年8月「研修生受入れ基準の要件を一部緩和する法務省告示」が出され、中小企業でも受入れが可能となり（団体監理型の創設）、従業員20人未満の企業でも3人までの研修生を受け入れることができるようになりました。国際貢献を目的とする研修生が、人手不足に悩む中小企業にとって非正規滞在者に替わる選択肢となったのです。日系南米人の定住者告示と同様、国会の場での議論を必要とする「法律」ではなく「告示」によって、受け入

れないと閣議決定された外国人「単純労働者」の供給経路がサイドドアとして用意されたのです。

けれども、89年改定入管法の施行後すぐに急増した日系南米人に比べ、当初、研修生の増加はゆるやかでした (1988年末：8,729人→90年末：13,249人→92年末：19,238人)。その後、技能実習制度[8]の創設や最長滞在期間の延長など、労働力の需要側にとって都合のよい制度変更とともに受入れが拡大していきます。加えて、実務研修割合の拡大、受入れ機関要件の緩和、技能実習移行対象職種の追加なども、法務大臣告示にもとづき順次行われ、研修・技能実習制度とも次第に拡充され、使い勝手のよい安価な「単純労働者」供給源としての機能が強化されました。

2. 「必要悪？」として黙認された非正規滞在者

(1) 取締り強化をタテマエとした緩やかな排除

摘発された男性「不法」就労者数が前年比の3倍以上となった1986年以降 (85年：687人→86年：2,186人)、法務省入国管理局は、「不法就労外国人対策月間」を設定し、集中的な摘発を行っています。さらに、前述のとおり、89年改定入管法で「不法」就労助長罪が創設され、バックドアからの労働者である「不法」就労者 (非正規滞在者) に対する取締まりが強化されることになりました (タテマエ)[9]。

その後も、機動的に摘発活動を行うための「特別調査チーム」の常設や、悪質事案の調査・摘発に専従する「悪質事案特別対策チーム」の設置、新たな刑事罰の創設など、法改定を含めた非正規滞在者を減少させるための取組みを行っています。加えて、非正規滞在者となる可能性の高い国や在留資格に対して、査証規定を見直したり、在留資格審査を厳格化するなどの対応を行うことで、非正規滞在者「予備軍」の入国抑制を図りました。

では、これらの対策の実質的な効果はどうであったでしょうか。

法務省入国管理局は、89年改定入管法の施行1ヵ月後の1990年7月1

日以降、入国と出国の電算記録から、定期的に「不法」残留者数に関する統計(総数、男女別、在留期間が経過した時点の在留資格別)を公表しています[10]。

初めて公表された1990年7月1日時点の「不法」残留者数は106,497人でしたが、急増する「不法」就労をより実効的に抑制することを意図した89年改定入管法の施行後も、逆に増え続け、ピーク時である1993年5月1日には30万人近くにまで達しています(図3)。もちろん、前述の査証免除措置の停止など、入国抑制措置は一定の効果を挙げているものの、非正規滞在者を縮減しようとする政策意図(タテマエ)はまったくと言っていいほど実現されていません。

さらに、新設された「不法」就労助長罪が故意犯を処罰対象としていることもあり、毎年の「不法」就労検挙人員と「不法」就労助長罪検挙人員とを比較すると、「不法」就労者を雇用したり、斡旋したりする者の罪が厳格に追及されているとは言えず、非正規滞在者の雇用を抑制する効果も

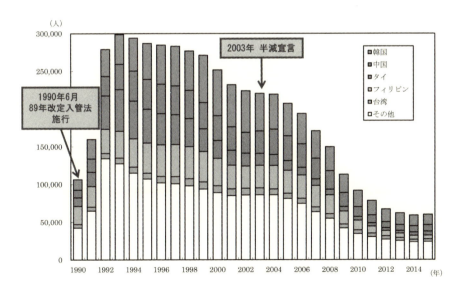

図3 「不法」残留者数の推移

注) 1990年は7月1日、1991年から96年は各年5月1日、1997年以降は各年1月1日現在の数値である。
出所) 法務省資料をもとに筆者作成

ほとんど機能していないようです。

その結果、入管職員や通訳、収容施設の不足など取締り体制の不備といった当局の事情もあり、89年改定入管法の施行後も、バックドアからの労働者を求める労働市場の需要を「配慮」するかのごとく、非正規滞在者の存在が一定程度黙認・放置されました。

そして、非正規滞在者は、自ら帰国を選択するか、「不運にも」摘発されなければ、長期に滞在することが可能でした。バブル崩壊とともに、その数は減少に転ずるものの、90年代を通じて、20万人以上が日本で生活し続けていました。たとえば、2001年1月1日現在の「不法」残留者数は232,121人であり、政府が積極的受入れを目指す専門的・技術的労働者数(154,748人、2000年末現在)を上回っています。

(2) 非正規滞在者の滞在長期化

排除のタテマエにもかかわらず、非正規滞在者の滞在が長期化するなかで、いわゆる「単純労働」に分類される職種での就労であっても、技能や技術、知識等を習得したり、職場で責任ある地位を任される者も登場してきます。そして、技能等を習得することで、サイドドアからの労働者が増加してもなお、就労の場を確保し続け、日本に滞在し続けることができたのです。加えて、同僚・上司などとのつきあいを通して日本社会とのつながりを形成したり、日常的な日本語を習得する者も少なくありません。当初はほとんどが単身のデカセギであった者が、日本で家族を形成するようになり、家族の形成が、近隣とのつきあいや子どもの学校を通じて、日本人との交流を深めることにもなります。少なくとも90年代においては、極めて限られた範囲内ではありますが、日本社会とつながることで「安全な生活圏」を築くことが可能でした。

だがその一方で、外国人であることや非正規滞在ゆえに直面する困難も多く、賃金未払いや労働災害、住居の賃貸や子どもの就学など、日本語能力や日本の法制度に対する知識が十分でないことに加え、「不法」という法的地位ゆえに、自分だけで解決できない問題も多岐にわたってい

ました。このような彼／彼女らの存在に気づき、日本での就労や生活を支援したのが、各地に誕生した NPO/NGO です。そして、これら NPO/NGO の活動に支えられることで、非正規滞在者は自らの権利を知り、その権利を行使することで、労働者として、生活者としての権利を実質的に拡大していきました。

さて、非正規滞在者にとっての最大の権利拡大は、合法的な滞在資格をえることです。入管法第50条には、非正規滞在者など退去強制の対象者であっても、法務大臣が特別に在留を許可する「在留特別許可」の規定があります。

在留特別許可件数の推移をみると、1990年代後半から増加傾向に転じ、2000年あたりから急増しています（**図4**）。これは、非正規滞在者の滞在が長期化するなかで、日本人や永住者等と知り合い結婚したり、子どもが日本の学校に通うなど、日本社会とのつながりを有する者が増加し、そういった事情を考慮して在留特別許可が付与されるようになったためで

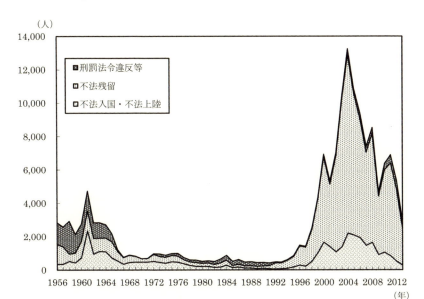

図4　退去強制事由別在留特別許可件数の推移

出所）法務省資料をもとに筆者作成

す[11]。

　2000年3月に策定された「第二次出入国管理基本計画」では、「不法滞在者への現実的かつ効果的な対応」の1つとして、「不法滞在者と我が国社会のつながりに配慮した取扱い」が示されています。これは、第一次計画（1992年5月）にはなかった記述です。

(3) バックドアからサイドドアへの労働力置換の進行

　排除のタテマエにもかかわらず、その存在が一定程度黙認・放置されることで、長期滞在が可能であった非正規滞在者ですが、一方で、日系南米人をはじめとする就労に制限のない在留資格を持つ外国人や、「国際貢献」をタテマエとする研修生・技能実習生、アルバイトする留学生など、サイドドアからの労働者が増大していくことで、次第に、彼／彼女らの労働市場は縮小していきます。

　89年改定入管法の施行後の1990年代は、日系南米人が著しく増加しました。彼／彼女らの労働市場への参入によって、製造業における重層的下請け構造の上部に位置する事業所から下部に向かって、段階的に非正規滞在者が日系南米人に置き換えられていきました。そのため、2000年代初頭になると、非正規滞在者の就労の場は、従業員30人以下の零細工場や、日系南米人があまり就労することのない建設現場や飲食店などに限られていきます。

　2000年代に入ると、留学生に対する入国・在留審査の大幅な緩和や、18歳人口減少を背景とした大学の事情も相俟って、留学生の受入れが拡大し[12]、非正規滞在者の就労の場の1つである飲食店には、アルバイトする留学生の姿を多く見かけるようになりました。

　さらに、団体監理型の導入や技能実習制度創設当初はそれほど増えなかった研修生・技能実習生ですが、雇用主にとって使い勝手のよい制度に改編されていくことによって、研修生の新規入国者数や技能実習への移行者数が急増していきました（図5）。これには、グローバル化の進展を背景とした国際的な産業競争の激化も一因となっていると推測されます。技能

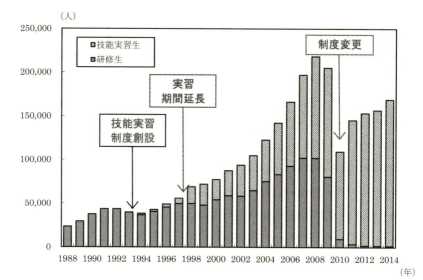

図5 研修生・技能実習生数の推移

注1) 研修生は、各年末現在の在留資格「研修」の在留外国人（外国人登録者）数である。
注2) 1997年までの技能実習生は、法務省が公表している技能実習移行者数である。1997年に、研修と技能実習を合わせて滞在年数が3年に延長されたことから、同年より2009年までは、当該年の移行者数に前年の移行者数を加算した。2010年より、在留資格「技能実習」が創設されたことから、同年以降は、各年末現在の在留資格「技能実習」の在留外国人（外国人登録者）数である。
出所) 法務省資料をもとに筆者作成

　実習移行対象職種の拡大にともなって、厳しい価格競争に直面している業種や、下請け構造の下部に位置する零細工場などで、「安価な」研修生・技能実習生の活用が生き残り戦略として選択されていくのです。とりわけ、労働コストの圧縮が急務である事業所では、非正規滞在者や日系南米人、あるいは日本人から、研修生・技能実習生への労働力置換が進展しました。

3.　「不要」となった非正規滞在者

(1) 外国人労働者受入れ議論の再燃

　バブル崩壊とともに量的な労働力不足が解消することで、外国人労働

者受入れの議論は下火になりましたが、2000年代に入ると、長く低迷している日本の活力を再び取り戻すために、あるいは、人口減少にともなう労働力不足への対応として、受入れ議論が再燃します[13]。

2005年3月に策定された「第三次出入国管理基本計画」では、「人口減少時代への対応」という項目が新たに追加され、「出入国管理行政としても、人口減少時代における外国人労働者受入れの在り方を検討すべき時期に来ていると考えられる。〈中略〉現在では専門的、技術的分野に該当するとは評価されていない分野における外国人労働者の受入れについて着実に検討していく(傍点筆者加筆)」と記されています。つまり、入管政策上の「好ましい外国人」と「好ましくない外国人」の線引きに「人口減少」の視座が持ち込まれたのです。

第三次計画を契機として、各省庁や自由民主党(以下「自民党」と表記)のプロジェクトチーム、経済団体などが、次々と外国人受入れに関する報告書をとりまとめ、現在あるいは将来の労働力不足に対応することを目的として、専門的・技術的分野以外の外国人労働者受入れの必要性に言及しました。そして、人口減少社会が現実化していくなかで、「新たな外国人」の受入れが日本にとって「避けられない選択」であるという認識が、次第に、行政・立法担当者や経済界に浸透していくことになりました。

2008年には、自民党の国家戦略本部の2つのプロジェクトチームが、「新たな外国人」受入れに関する提言書をとりまとめました。すなわち、日本型移民国家への道PT「人材開国!日本型移民国家への道:世界の若者が移住したいと憧れる国の構築に向けて[14]」(2008年6月)と、外国人労働者問題PT「『外国人労働者短期就労制度』の創設の提言」(2008年7月)です。いずれも、人口減少・労働力不足を深刻に受けとめ、タテマエ(国際貢献)と本音(安価な労働力の受入れ)が乖離している研修・技能実習制度を廃止し、フロントドアから必要とする外国人を受け入れることを求めています。

2つの提言の違いは、どのような外国人が必要であるかという点にあり、前者は再生産活動も日本で行う定住型の外国人(「移民」、外国人住民)の受入れを訴え、後者は「労働力」(生産活動を行う外国人)のみが必要であると

して循環型の受入れ（定住化の阻止）を求めています。両者は、2005年頃からはじまる「新たな外国人」受入れ論争の2つの異なる到達点を形成していると捉えることもできます（鈴木 2015a）。外国人受入れをめぐる両者の主張の対比（定住型 vs. 循環型）は、2012年12月、再び自民党が政権与党となった以降の外国人受入れ議論にも反映していきますが、この点については後述します。

　いずれにせよ、当時の政権与党から「新たな外国人」受入れを求める提言が出され、これをきっかけとして、外国人受入れについての建設的な討議が活性化することが期待されました。けれども、折しも発生したリーマンショックにより、その議論が沈静化してしまいました。

(2) 実質的な排除の始まり

　在留特別許可件数が増加し、政府内で、外国人労働者受入れ政策の転換が検討されているのと並行して、2003年10月の「首都東京における不法滞在外国人対策の強化に関する共同宣言」、同年12月の犯罪対策閣僚会議「犯罪に強い社会の実現のための行動計画」、2003年衆議院議員総選挙における自民党マニフェストなどにおいて、「不法」滞在者を5年間で半減するという数値目標が設定されました。

　非正規滞在者は、単に入管法に違反しているばかりではなく、「これら犯罪（侵入強盗等の凶悪なものや暴力団と連携している犯罪）の温床（括弧内筆者加筆）」（「犯罪に強い社会の実現のための行動計画」2003年12月）であると名指しされることで、治安対策の対象として位置づけられ、テロ対策や治安回復の名のもとに、かつてない強力な取締りが遂行されることになったのです。

　半減計画を境として、宗教施設や支援団体事務所周辺など、非正規滞在者にとって身近で「安全な生活圏」で強行される職務質問、外国人登録にもとづく摘発、メールによる一般市民からの情報受付けなどによって、非正規滞在者に対する包囲網がめぐらされていきました。黙認の終わりであり、実質的な排除の始まりです。

そして、目標達成に向けた当局の「熱意」と「努力」により、「不法」残留者数は、5年間で219,418人（2004年1月1日現在）から113,072人（09年1月1日現在）へと激減し、半減目標はほぼ達成されました。

このような当局の非正規滞在者に対する姿勢の転換は、サイドドアからの労働者の増加により、労働力としての非正規滞在者が「不要」となりつつあることに加えて、フロントドアからの「新たな外国人」受入れに先立っての地ならしと捉えることができるでしょう。

さらに、2007年には新たな外国人雇用状況届出制度が導入され[15]、就労の場からの非正規滞在者の排除が徹底されました。雇用主からの届出が義務化され、不法就労助長罪が過失犯化された新制度のもとで、非正規滞在者が就労の場をみつけることは困難となりました。加えて、2010年7月には、退去強制事由に「不法」就労の助長が追加され（入管法第24条第3号の4）、非正規滞在者を雇用したり、就労斡旋した外国人も「好ましくない外国人」として排除される改定法が施行されたことにより、非正規滞在者の労働市場は一層縮小されることになりました。

そして、2012年7月には「線の管理」を目的とする新たな在留管理制度が導入され、改定住基法が施行されました。新たな在留管理制度の対象者は、3月を超える在留期間を有する合法滞在者（中長期在留者）であり、改定住基法の対象外国人は、特別永住者と中長期在留者、及び仮滞在許可者と一時庇護許可者です。旧制度では、非正規滞在者であっても外国人登録が可能でしたが、新制度のもとでは、それも不可能になりました。つまり、10万人以下に減少した非正規滞在者はもはや管理の対象ですらないかのごとく、新たな監視体制から排除され、（わずかな仮滞在許可者と一時庇護許可者を除けば）自治体の住民登録からも排除され、「見えない人間」として不可視化されることになりました（鈴木 2013b）。

政府は、改定法の施行後も非正規滞在者に対する行政サービスの範囲に変更はないとして、彼／彼女らが「行政上の便益」をうけられるよう必要な措置を講ずることを自治体に求めています[16]。けれども実際には、国が保障している住民サービスを非正規滞在者には提供しないという自

治体が多く存在しています[17]。そして何より、法制度をはじめとした非正規滞在者に対する当局の対応の変化や、自身を取り巻く日本社会の変容を最も切実に受け止めているのは、当の非正規滞在者です。公的機関との無用な接触を極力避けるために、住民サービスの受給を放棄する非正規滞在者も少なくないのではないかと推測されます。その存在が「必要悪」として一定程度黙認されていた1990年代と異なり、もはや彼／彼女らが「日本社会とのつながり」を形成することが不可能になっているばかりか、摘発を恐れるあまり、自らつながりを切断せざるをえない者すらいることでしょう。

(3) 限定的な合法化と排除の強行

一方で、法務省は、「法務大臣の裁量」として、これまでその基準をまったく明示しなかった在留特別許可に関して、2004年より許可事例を、2006年より不許可事例を毎年HPで公表し、同年10月には、「在留特別許可に係るガイドライン」を策定し発表しました。さらに、2009年の入管法改定にともなって、09年7月に新ガイドラインが公表されました[18]。事例やガイドラインの公表は、行政処分の透明化という点で評価しうるものですが、在留特別許可の可能性のない者の「不法性」を強調し、排除の強行を正当化する機能を有します。徹底的な排除を基本としながらも、合法化される範囲を示すことによって、非正規滞在者のなかでの「好ましい外国人」と「好ましくない外国人」の線引きを明確化しているようです。

公表されたガイドラインや許可・不許可事例、NPO/NGO関係者や弁護士等の間で共有されている情報などから、在留特別許可が認められる事由を類型化すると、おおむね**表1**に示す6通りに整理することができます。

近藤は、非正規滞在者の正規化を①雇用に基づく正規化、②人道的理由に基づく正規化、③居住国との実質的なつながりに基づく正規化、④家族関係の理由に基づく正規化の4つに、あるいは、Ⅰ.労働市場原理から導かれる正規化(①)、Ⅱ.人道及び人権理論から導かれる正規化(②③④)

表1　在留特別許可の類型化

> a. 国民ないし永住者等の家族である者
> b. 一条校に通う子どもがいる長期滞在家族
> c. 難病などの病気治療中の者、またはその看護者
> d. 難民認定するに至らない難民性を有する者
> e. 日本への定着性が認められる長期滞在者
> f. 学生等

注）子どものいる長期滞在家族の場合、親の在留状況によって、家族全員に在留特別許可が認められる場合（類型 b.）と、子ども（主に中学生以上）にのみ在留特別許可が認められる場合（類型 f.）がある。
出所）近藤他 2010 を一部修正して引用

の2つに大別しています（近藤 2010）。この分類に照らすと、日本の在留特別許可は、人道及び人権理論から導かれる正規化といえましょう。

　第二次と第三次の出入国管理基本計画（2000年3月・05年3月）でも、在留特別許可を検討する重要な視点として「日本社会とのつながり」が示されており、列挙した6つの類型のうち、類型 c. と類型 d. 以外は、いずれも直接的あるいは間接的な「日本社会とのつながり」を要するものです。

　しかしながら、前述のとおり、現下の情勢のなかで、もはや非正規滞在者が「日本社会とのつながり」を新たに形成することが困難となりつつあります。その結果、現在の政策が見直されない限り、非正規滞在者の多くを待ち受けるのは排除のみです。

　2013年には、チャーター機による集団国費送還が初めて実施され（7月フィリピン：75名、12月タイ：46名）、14年12月にはスリランカとベトナムに32名が、15年11月にはバングラデシュに22名が送還されました。加えて、IOMによる帰還支援プログラムが導入され（13年度試験導入、14年度より本格導入）、非正規滞在者をはじめとする「好ましくない外国人」の排除の強行が、今後も着実に進められていくことでしょう。

4. 外国人政策の今後

(1) サイドドアからの受入れに対する当局の評価

　日本人との血のつながりを根拠とした日系南米人の受入れに関しては、特定地域に集住したこともあり、再生産活動にともなうさまざまな「問題」が早くから顕在化し、外国人集住都市会議からの要望などを通じて、国に伝えられることになりました。日本語能力の不足ゆえの地域社会とのトラブルや子どもの不就学、保険の未加入などの「問題」は、居住局面の外国人政策の不備ゆえに生じたものです。

　とりわけ、リーマンショック後の急速な雇用環境の悪化は、製造業の現場での間接雇用を典型的な働き方とする日系南米人に深刻な影響を与え、彼／彼女らの多くが職を失うことになりました（あるいは、収入が激減しました）。有効求人倍率が低下しているなか、日本語が十分ではない者が新たな職をみつけることは極めて困難です。

　このような状況に対して、2009年1月、内閣府に「定住外国人施策推進室」が設置され、同年3月には、各府省庁が連携強化し、政府全体として日系人に対する取組みを推進するため「日系定住外国人施策推進会議」が定期的に開催されることになりました。同年4月、同会議によって「定住外国人支援に関する対策の推進について」がまとめられ、再就職支援などの雇用対策や子どもの就学支援などの教育対策、民間賃貸住宅への入居支援などの住宅対策等が実施されることになりました[19]。遅きに失したともいえますが、日系南米人急増のきっかけとなった89年改定入管法の施行から20年近く経ち、ようやく国レベルでの具体的な統合政策（多文化共生政策）が始まったのです。

　日系南米人をめぐる課題とその対応によって、政府は、外国人受入れにおける統合政策の必要性を認識することになりますが、一方で定住型外国人の受入れに対する警戒感を高める結果にもなりました。

　これに対して、「国際貢献」をタテマエとする循環型受入れである研修生・技能実習生に関してはどうでしょうか。

　研修生・技能実習生の増大とともに、研修生の時間外労働、最低賃金以下の賃金や長時間労働、強制貯金やパスポートの取上げ、不正行為隠

蔽のための強制帰国など違法な受入れがメディアなどでも大きく報道されるようになりました。2007年以降は、アメリカ国務省の『人身取引年次報告書(Trafficking in Persons Report)』で、人身取引の一形態であるという批判を受けるようになり、政府内でも制度の見直しが議論されることになりました。

その結果、2009年7月の入管法改定により、①実務研修をともなわない研修制度と実務研修をともなう研修・技能実習制度を分け、②後者に対する在留資格として「技能実習」を新設し、③受入れ機関に対する指導・監督・支援を強化するなどの対応が行われました(翌10年7月施行、図6)。法律に基づく制度改定は、89年改定入管法以来20年ぶりのことです[20]。

不正行為の多発に加え、アメリカからの批判にもかかわらず制度存続が選択された理由は、労働者としての技能実習生の特性にあるといえましょう。技能実習生は、総じて①若く(JITCO支援技能実習1号：29歳以下70.8％、技能実習2号：29歳以下73.5％。前者は2014年、後者は2014年度数値、国際研修協力機構2015)、②安い労働者であり(JITCO支援技能実習1号：12.8万円／月、技能実習2号：13.0万円／月。同上)、③制度上自由な転職が認め

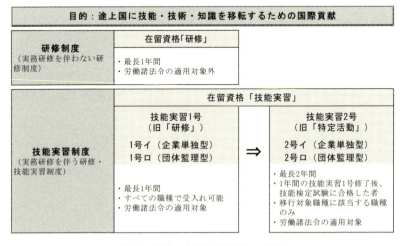

図6　研修・技能実習制度の概要

出所）法務省資料等をもとに筆者作成

られず、④数年で帰国する単身者なのです。

①から③は雇用者にとって極めて魅力的な条件です。職場に不満があったり、よりよい労働条件の職場をみつけて転職することは、労働者の権利の行使です。しかしながら、技能実習生にはそのような自由はなく、雇用主は、若くて安い労働者を活用して3年間の安定的な人員計画を立てることができます。つまり、使い勝手のよい安価な労働力なのです。

さらに、定住化にともなう課題への対応が求められることのない循環型受入れ（前掲④）は、政府にとっても都合のよい受入れであるといましょう。

(2) 第二次安倍内閣発足と「成長戦略」

2012年12月、ふたたび自民党が政権与党となり、第二次安倍内閣が発足しました。発足と同時に、日本経済再生本部（本部長：内閣総理大臣）の設置が閣議決定され、当該本部を司令塔として、経済財政諮問会議（議長：内閣総理大臣）との連携のもと、「強い日本、強い経済」を目指して「成長戦略」が推し進められています。日本の「稼ぐ力」（生産性）を取り戻すために、女性も高齢者も若者も、全員参加で担い手となることが求められ、この文脈において、「外国人材」の受入れ及び「活用」論議が活発化し、議論にとどまらず、政策への反映も加速化しています（宮島他 2014）。

2012年5月に導入された高度人材ポイント制度は、「日本再興戦略」（2013年6月）と「産業競争力強化に関する実行計画」（2014年1月）をうけ、2013年12月には、認定要件（ポイント換算）の緩和、親や家事使用人の帯同等に係る優遇措置の要件緩和が行われ、さらに、2014年6月には、在留資格「高度専門職」新設等の入管法改定が行われました（15年4月施行）。

2013年9月、2020年の東京オリンピック・パラリンピック開催が決定すると、建設分野における労働力不足が課題となり、震災復興事業の遅れへの対応も合わせて、2014年1月の閣僚会議で、建設分野での外国人材活用について、時限的な緊急措置の決定を目指すことが確認されました。その後、4月の閣僚会議で緊急措置が決定され、8月に国土交通省告

示が出され、2015年4月から外国人建設就労者受入事業が開始されています[21]。

　さらに、前掲の「日本再興戦略」で、「内閣総理大臣主導で、国の成長戦略を実現するため、大胆な規制改革等を実行するための突破口」として「国家戦略特区」の創設が謳われ、「『日本再興戦略』改訂2014」(2014年6月、以下「2014年改訂版」と表記)では、国家戦略特区での「外国人家事支援人材」受入れが示されました。労働力率と出生率の両者を向上させつつ、日本人女性が社会で活躍するために、外国人――想定されている対象者は、主に外国人女性――を「活用」しようとする試みです。2015年7月、外国人家事労働者の受入れを可能とする改定法が成立しました。早ければ2015年度中にも関西圏特区の大阪府区域と東京圏特区の神奈川県区域で受入れが開始され、特区で施行された結果によっては、受入れ地域が拡大する可能性もあります。

　加えて、介護福祉士等の国家資格を取得した留学生の国内就労を可能とする入管法改定案や、技能実習制度の実習期間の延長・再実習、受入れ枠拡大に向けた新たな法案が第189回通常国会(2015年1月～9月)に提出されました[22]。

　リーマンショック以前、「新たな外国人」受入れの議論が高まりながらも、意見の調整が進まず、政策決定が遅々として進まなかったことと比較すると、まさに「異次元のスピード」です。この点は、日本経済再生本部の設置など、総理主導の環境が整備されていることに加えて、東京五輪の開催決定、人口減少の深刻化といった課題の喫緊性が、従来の先送りを許さない状況を生み出しているともいえましょう。

　加えて、「線の管理」を実現する外国人の監視体制が構築されたことも、いわゆる「単純労働者」受入れ解禁へのかじ取りを容易なものとしています。建設労働者も家事労働者も介護福祉士も、これまで専門的・技術的労働者には分類されてこなかった労働者です。

(3) 「移民政策ではない」という新たなタテマエ

日本が外国人受入れ国に転じて以降、長く政府が堅持してきた基本方針(タテマエ)は、いわゆる「単純労働者」は受け入れないというものでした。そして、このタテマエのもと、政策上排除されるべき非正規滞在者(バックドアからの「単純労働者」)の存在が一定程度黙認されると同時に、日本人との血のつながりを根拠とする日系南米人や「国際貢献」をタテマエとする研修生・技能実習生(サイドドアからの「単純労働者」)が導入されました。
　2003年の半減計画を契機として、非正規滞在者を排除するというタテマエは本音となり、実質的な排除が推し進められることになりました。そして、「新たな外国人」受入れ議論が進行するなかで、いつしか、いわゆる「単純労働者」は受け入れないというタテマエは放棄され、専門的・技術的分野以外の外国人労働者の受入れが検討されることになりました。
　職種にかかわらず、日本社会が必要とする外国人を労働者として受け入れることに異論はありません。けれども、2008年に自民党から出された2つの提言書は、ともに技能実習制度の廃止を求めていたにもかかわらず、現政権は、フロントドアからの受入れを先送りし、「国際貢献」をタテマエとする技能実習制度の拡充・活用を推し進めようとしています。そして、2014年6月、「外国人材の活用は、移民政策ではない」として、移民に頼ることなく、50年後に1億人程度の安定した人口構造を保持することを目指す閣議決定がなされました[23]。
　リーマンショックの経験から、循環型受入れが選択されたともいえますが、在留外国人のおよそ半数が永住資格をもつ外国人(48.8%、2014年末現在)であるという現実と向き合うことなく、統合政策への取組みが先送りされようとしています。タテマエと本音の乖離や政策の先送りは、それぞれの当事者(非正規滞在者・技能実習生・日系人など日本に滞在する外国人)の生活を脅かし、権利を侵害します。
　そして、「移民政策ではない」という新たなタテマエは、社会増加という選択肢をめぐる議論を阻害します。「人口減少への対応は、『待ったなし』の課題である」(「まち・ひと・しごと創生長期ビジョン」2014年12月)にもかかわらず、新たなタテマエと本音の乖離や政策の先送りは、今後、日

本人自身の生活を脅かし、権利を侵害していくことになるでしょう（鈴木2015b）。

注

1) 領土が海で囲まれている日本では、日本の領海または領空に入ることを「入国」、領土内に足を踏み入れることを「上陸」といいます。したがって、国境を管理する法務省入国管理局では、正規の旅券または乗員手帳をもたずに入国した者を「不法」入国者、正規の旅券または乗員手帳は所持しているが、上陸許可を受けずに上陸した者を「不法」上陸者と区別しています。ただし、両者をあわせて、広義に「不法」入国という場合もあります。
2) これに先立つ非正規滞在者として、戦後直後の朝鮮半島からの密航者（「不法」入国者）や、1970年代後半以降急増する風俗関連産業で働くアジア出身の女性（「ジャパゆきさん」）がいましたが、いずれも、「労働問題」としては捉えられていませんでした。
3) 1987年9月の労働基準法改定により、法定労働時間を週48時間から週40時間に段階的に短縮させることになりました。
4) 「単純労働者」というカテゴリーや用語の定義をめぐる問題については、鈴木2006及び同2009を参照してください。
5) たとえば、「鋳造」、「機械加工」、「プラスチック成形」など厚生労働省所管の技能検定で「特級」の等級をもつ職種も、技能実習2号移行対象職種も、入管法上は後者（いわゆる「単純労働」）に分類されています。
6) このほかインドシナ難民や条約難民等にも「定住者」が付与されています。
7) 日系南米人についての詳細は、梶田他2005を参照してください。
8) 研修修了後、指定された職種（技能実習移行対象職種）に関しては、技能検定を受けた後に同一事業所で「技能実習生」（労働者）として就労する制度です。
9) 非正規滞在者に対する政策の変遷や、非正規滞在者の就労や生活に関する詳細は、鈴木2009を参照してください。
10) 公表される「不法」残留者数は、入国記録のある外国人ですので、「不法」入国者や「不法」上陸者、及び日本で生まれた非正規滞在者はその数に含まれませんが、これまで検挙件数（自主出頭を含む）でしか把握することができなかった非正規滞在者の代替統計として、政策的に利用されています。
11) 在留特別許可に関する詳細は、渡戸他2007及び近藤他2010を参照してください。
12) 留学生政策に関する詳細は、鈴木2013aを参照してください。
13) この先駆けとなったのが、故小渕首相の私的諮問機関である「21世紀日本の構想」懇談会の最終報告書『日本のフロンティアは日本の中にある――自立と協治で築く新世紀』(2000年1月)と国連人口部の『補充移民――移民は高齢化し減少する人口の解決策となりうるか？（*Replacement Migration: Is it a Solution to Declining and Aging Population?*）』(2000年3月)です。

14) 当該報告書は、「移民」を「通常の居住地以外の国に移動し、少なくとも 12 ヶ月間当該国に居住する人」と、通常の定義よりも広く捉え、「移民」という用語を用いて「新たな外国人」受入れの必要性を論じています。
15) 外国人の雇用状況を事業所が報告する制度は 1993 年より開始されていましたが、報告は任意であり、報告内容も数値のみで、外国人個人を特定するものではありませんでした。
16) 総務省自治行政局外国人住民基本台帳室長「入管法等の規定により本邦に在留することができる外国人以外の在留外国人に対して行政サービスを提供するための必要な記録の管理等に関する措置に係る各省庁への通知について（通知）」(2011 年 11 月 11 日)。
17) 改定住基法施行後の各自治体の対応の詳細については、aacpHP (http://www.repacp.org/aacp/) に掲載されている自治体アンケート (2012 年、2013 年、2014 年実施) を参照してください。
18) 「本法の施行による不法滞在者の潜行を防止する必要性があることにかんがみ、在留特別許可の許否の判断における透明性を更に向上させるため、公表事案の大幅な追加、ガイドラインの内容の見直し等を行い、不法滞在者が自ら不法滞在の事実を申告して入国管理官署に出頭しやすくなる環境を整備すること」という改定入管法の衆議院法務委員会の付帯決議をうけてのものです。
19) ただし、「支援」は日本での滞在の安定化を目指すものばかりではなく、「帰国」という選択を促す帰国支援事業も含まれていました。
20) 従来の研修生を 1 年目から労働諸法令の適用対象となる技能実習生として位置づけるという法改定は、当該外国人の法的保護を目指すという点では一定の改善といえるかもしれませんが、「国際貢献」という目的 (タテマエ) を一層形骸化させ、彼／彼女らの「労働者性」を高めるものとなりました。2014 年末現在、「研修」と「技能実習」の在留外国人数は、それぞれ 1,427 人と 167,626 人であり、「労働者」である技能実習生の受入れが研修生をはるかに上回っています。
　残念ながら、2010 年の制度「改善」後も不正行為は頻発し、厚労省の発表によると、2014 年の立ち入り調査の結果、76.0％の実習実施機関で労働基準関係法令違反が指摘されています。
21) 建設分野と人材の相互流動が大きい造船分野においても同様の措置がとられました。
22) 出入国管理及び難民認定法の一部を改正する法律案と外国人の技能実習の適正な実施及び技能実習生の保護に関する法律案は継続審議となりました。
23) ただし、50 年後に 1 億人程度の人口見通しは、合計特殊出生率が 2020 年に 1.6 程度 (2014 年実数値は 1.42)、2030 年に 1.8 程度まで向上し、2040 年に人口置換水準 (2.07) が達成されるという仮定に基づくものであり、極めて実現性の低いものです (鈴木 2015a)。

文献

梶田孝道・丹野清人・樋口直人, 2005 年, 『顔の見えない定住化』名古屋大学出版会.

国際研修協力機構, 2015 年,『2015 年度版 JITCO 白書』.
近藤敦・塩原良和・鈴木江理子編, 2010 年,『非正規滞在者と在留特別許可――移住者たちの過去・現在・未来』日本評論社.
近藤敦・塩原良和・鈴木江理子, 2010 年,「非正規滞在者の正規化のあり方」近藤他前掲書.
近藤敦, 2010 年,「一般アムネスティ・在留特別許可・特別アムネスティ」近藤他前掲書.
鈴木江理子, 2006 年,「日本の外国人労働者受入れ政策」吉田良生・河野稠果編著『国際人口移動の新時代』原書房.
鈴木江理子, 2009 年,『日本で働く非正規滞在者――彼らは「好ましくない外国人労働者」なのか？』明石書店.
鈴木江理子, 2013 年 a,「留学生と日本社会――誰のための受入れなのか？」移住労働者と連帯する全国ネットワーク『M-ネット』2013 年 7 月号.
鈴木江理子, 2013 年 b,「排除される外国人――『不法』滞在者、『偽装』滞在者、そして…」外国人人権法連絡会『日本における外国人・民族的マイノリティ人権白書 2013 年』.
鈴木江理子, 2015 年 a,「日本の外国人政策――線引きをめぐるタテマエと本音をめぐって」『選別的移民政策の国際比較――新自由主義／新保守主義と国民国家の境界再編成』(科学研究費補助金基盤研究 (A) プロジェクト中間報告書、研究代表者：小井土彰宏).
鈴木江理子, 2015 年 b,「外国人受入れ政策の歴史的展開と今後――人口急減社会・日本の選択」日本弁護士連合会『自由と正義』2015 年 11 月号.
法務省入国管理局, 1986 年,『昭和 61 年度版 出入国管理――変貌する国際環境の中で』.
宮島喬・鈴木江理子, 2014 年,『外国人労働者受け入れを問う』岩波書店.
渡戸一郎・鈴木江理子・APFS 編, 2007 年,『在留特別許可と日本の移民政策――「移民選別」時代の到来』明石書店.

第3章　韓国の外国人労働者
―― 推移とインプリケーション

薛東勲（ソル・ドンフン）

1. 韓国の外国人労働者政策

韓国の外国人労働者政策は、次の五段階に区分することができます。

(1) 1987-1990：「書類不備移住労働者[1]」に全面的に依存
(2) 1991-1999：外国人産業技術研修制度
(3) 2000-2002：外国人研修就職制度と外国国籍同胞サービス業就職管理制度
(4) 2003-2006：外国人雇用許可制度と研修就職制度の並行
(5) 2007- 現在：外国人雇用許可制度と外国国籍同胞訪問就職制度

　韓国社会に移住労働者が集まり始めたのは1987年頃です（薛東勲 1999; 2000）。1986年から国内労働市場において人材不足が深刻化し、1988年オリンピックを前後してその事情がアジア諸国に知られるようになり、外国人書類不備移住労働者がやって来始めたのです。当時の外国人移住労働者数は6,400人でしたが、そのうち専門技術職が980人、技術投資が1,212人、書類不備移住労働者が4,217人と推算されています。1990年までは専門技術職従事者と技術投資者、そして書類不備移住労働者がいただけで、合法的に在留する低熟練外国人労働者は存在しなかったのです。

企業側は低熟練労働力不足問題を解決するために外国人労働者を導入することを政府に要求しましたが、政府は専門技術人材以外の外国労働者の導入は国民感情に合致せず、国内の労働市場をかく乱させる憂慮が大きいとし、これを許容しなかったのです。さらに労働組合も外国人労働者の受け入れに対し積極的に反対意見を表明したので、その可能性はますますなくなっていったのです。

［しかし］1991年に、政府と経営者団体はついに迂迴路をみつけました。政府は低熟練外国人労働者の導入は原則的に禁止するという原則を標ぼうしながらも、猛烈に抵抗する労働界の反発を揉み消すために、外国人労働者を勤労基準法上の「労働者」ではない「産業技術研修生」の資格で導入するという外国人産業技術研修制度を、1991年から施行したのです。政府が産業研修制度を導入したのは、日々増える書類不備移住労働者に替えて、中小企業に人材を供給するためでした。1991年末には、この制度を通した産業技術研修生の数は599人でした。その翌年の1992年には、業種団体の推薦を経て産業研修生を導入するという制度を施行しました。その後も、政府は幾度となく制度に手を加えながら、その導入規模を拡大しました。つまり、1991年以降の韓国の低熟練外国人労働者制度は、産業技術研修制度であったのです。

産業技術研修制度は、外国労働者の便法的な活用、研修先からの無断離脱、賃金未払い、外国人労働者の人権侵害などの問題を引き起こしました。また、便法的な制度という批判を意識した韓国政府は、研修生導入規模を非常に制限して運用するほかなかったために、合法的な外国労働者の供給がまともに行われず、外国人の不法滞在と不法就業を量産する主要な要因となったのです。

［そこで］政府は、産業技術研修制度の問題点を遅ればせながらも認識し、1995年から外国人雇用許可制度の導入を何度も試みたのですが、財界と政界の反対により失敗に終わっていました。政府は、雇用許可制度の導入が遅れるなかで、2000年4月から研修就職制度を施行し、産業研修生が一定期間研修生として勤めた後に労働者の身分に切り替えて就職

することができることを許容したのです。研修就職制度とは、一定期間の研修後に在留資格を産業研修（D-3）から研修就職（E-8）に変更する在留資格の変更許可制度でしたが、2000-2002年には「研修2年＋就職1年」の形で運用し、2002年からは「研修1年＋就職2年」へと変更したのです（Seol and Skrentny 2004）。

一方で、韓国系中国人を対象とした就職詐欺事件が社会問題化すると、すぐに2002年12月からサービス業分野への外国国籍同胞の就職活動を許容する就職管理制が導入されました（Seol and Skrentny 2009b）。これにより韓国は、研修就職制度と就職管理制度を両軸とする低熟練外国人労働者制度を備えることになったのです。しかしそれは、移住労働者を「労働者」ではない「産業研修生」として受け入れるという致命的な問題点をそのまま抱えていたものです。

そのため学界やNGOなどで、研修就職制度の廃止と雇用許可制度導入を要求する声が日増しに大きくなりました。長い陣痛の末に、2003年6月に臨時国会において「外国人労働者の雇用などに関する法律」が通過し、また2004年8月17日から外国人雇用許可制が施行されました。［また］政府は2003年に不法在留者を合法化し、非専門就職（E-9）査証を付与しました。雇用許可制施行のための基盤造成作業を行ったのです。雇用許可制は2004年8月から施行されましたが、非専門就職査証所持者が2003年から存在するのはそのためです。

2006年まで研修就職制度は雇用許可制と並行して施行されましたが、雇用許可制が定着するとともに、2007年1月1日からは雇用許可制に一元化されました。雇用許可制施行と同時に、外国国籍同胞に訪問同居在留資格を付与し国内で就職活動をできるようにした就職管理制は、「特例雇用許可制」という名前で雇用許可制に吸収・統合されました。政府は2007年3月4日から特例雇用許可制を、国内に戸籍または親族がいる外国国籍同胞だけでなく、国内に縁故がない外国国籍同胞にも就職を許容するという訪問就職制度を導入しました（Seol and Skrentny 2009b）。これに伴い、雇用許可制は一般外国人を対象にする「一般雇用許可制」と、外国国

籍同胞を対象にする「特例雇用許可制」(訪問就職制度)に区分されることになりました。つまり、2007年3月にやっと韓国の外国人労働者制度が雇用許可制を中心に体系化されたのです(薛東勲 2010; 2014; Seol 2012; 2014)。

2. 韓国における外国人労働者の流入推移

表1は外国労働者制度の変化に伴う外国人移住労働者の在留資格分布を表しています。しかしこの表は、多様な制度を含んでいるために複雑で、その特徴を見出すことが容易ではありません。したがって、表の内容を再分類し、熟練水準・民族別分布を作成して、**図1**と**図2**に提示しました。表と図を見ると、韓国の外国人移住労働者数が1987年以降に騰落を繰り返しながら、着実に増加してきたことがわかります。また何度かの移住労働者数の騰落も見出せますが、その原因は景気低迷による外国労働者雇用の需要低下、または政府の外国人労働者政策にともなう需要調整とみることができます。ここでは外国人労働者数が減少した五つの時期を識別して、その原因を考察することにします。

第一に、1992年の外国労働者規模は43,664人で、その前の年の45,449人よりも減少しています。これは、政府が1992年に不法滞在外国人自主申告期間を設定し、一時的滞留資格の合法化措置を施行する一方で、彼らの出国を推奨したためです(薛東勲 1999)。すなわち、書類不備の移住労働者数が1991年の41,877人から1992年には30,899人に減少したため労働者数全体が減少していますが、在留資格の合法化の恩恵を受けた移住労働者は相変らず韓国に在留していたので、これは統計が作り出した錯覚効果として把握しなければならないでしょう。

第二に、1998-1999年に外国労働者規模が大幅に減りましたが、これは韓国だけでなくアジア諸国を襲った経済危機の結果として理解されます。国内の深刻な景気低迷により、産業研修生はもちろん、書類不備移住労働者数も大幅に減少しました(Seol 2012 参照)。しかし2000年に入ると、移住労働者数は291,217人に増加し、1997年末に外国為替危機が差し迫った

第 3 章 韓国の外国人労働者

表1　韓国の外国人移住労働者数：在留資格別分布、1987-2014年

年度	全体	専門技術	短期就業	企業投資	産業研修 業種団体	産業研修 海外投資	研修就業	非専門就業	船員就業	就業管理	訪問就業	観光就業	書類不備移住
1987	6,409	980	0	1,212	0	0	0	0	0	0	0	0	4,217
1988	7,410	918	0	1,485	0	0	0	0	0	0	0	0	5,007
1989	14,610	809	0	1,665	0	0	0	0	0	0	0	0	12,136
1990	21,235	1,068	0	1,765	0	0	0	0	0	0	0	0	18,402
1991	45,449	1,209	0	1,764	0	599	0	0	0	0	0	0	41,877
1992	43,664	1,567	0	1,828	3,932	5,438	0	0	0	0	0	0	30,899
1993	70,523	3,767	282	1,741	3,759	6,466	0	0	0	0	0	0	54,508
1994	83,970	5,265	276	1,870	18,816	9,512	0	0	0	0	0	0	48,231
1995	131,348	8,228	160	2,274	23,574	15,238	0	0	0	0	0	8	81,866
1996	213,140	13,420	160	2,456	38,296	29,724	0	0	0	0	0	30	129,054
1997	248,246	15,900	96	2,722	48,795	32,656	0	0	0	0	0	29	148,048
1998	160,818	11,143	67	3,047	31,073	15,936	0	0	0	0	0	15	99,537
1999	222,140	12,592	223	4,434	49,437	20,017	0	0	0	0	0	99	135,338
2000	291,217	17,000	107	5,467	58,944	18,504	2,063	0	0	0	0	137	188,995
2001	334,921	19,549	259	4,866	33,230	13,505	8,065	0	0	0	0	241	255,206
2002	368,279	21,506	323	4,888	25,626	14,035	12,191	0	0	156	0	315	289,239
2003	401,681	20,089	491	5,037	38,895	11,826	20,244	159,706	0	6,964	0	373	138,056
2004	446,522	20,272	591	5,537	28,125	8,430	48,937	126,421	34	19,258	0	434	188,483
2005	406,081	23,609	729	6,709	32,148	6,142	50,703	52,305	212	52,304	0	428	180,792
2006	518,205	27,221	749	6,550	38,187	5,831	54,517	113,524	307	84,055	0	370	186,894
2007	634,957	31,300	724	7,328	2,315	3,984	14,684	134,012	2,828	6,522	228,448	357	202,455
2008	689,155	35,228	590	7,742	43	2,262	734	156,429	3,641	11	298,003	398	184,074
2009	675,096	38,497	423	7,234	27	1,143	51	158,198	4,078	1	303,005	341	162,098
2010	668,381	41,108	466	6,899	0	1,861	0	177,546	5,094	0	282,662	584	152,161
2011	699,689	44,264	466	6,763	0	1,733	0	189,190	6,629	0	299,710	1,019	149,915
2012	635,413	46,469	197	6,509	0	1,528	0	176,277	6,424	0	233,340	1,223	163,446
2013	655,923	45,080	299	5,455	0	1,475	0	191,637	7,685	0	233,915	1,547	168,830
2014	747,902	43,634	451	5,508	0	1,424	0	217,809	9,429	0	275,897	1,674	192,076

出所）法務部出入国・外国人政策本部、『出入国・外国人政策統計年報』、各年度の資料より計算。

　時点の規模である 248,246 人よりも、さらに多くなりました。これは、韓国経済が深刻な景気低迷から短期間に抜け出たことを意味します。

　第三に、2005 年の外国人移住労働者数は 406,081 人で、その前年度の 446,522 人より顕著に減少しています。その理由は、景気要因というよりは、政府による政策的要因のためです。政府は雇用許可制と産業研修制の並行実施期間中に、(1) 2003 年に書類不備移住労働者を合法化した非専門就業者を出国するように誘導する一方、(2) 産業研修生 - 研修就業者受け入れ枠（クオータ）を凍結して、(3) 新規非専門就業者を導入するための

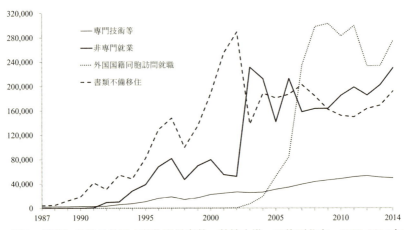

図1　韓国における外国人移住労働者数：熟練水準・民族別分布、1987–2014年

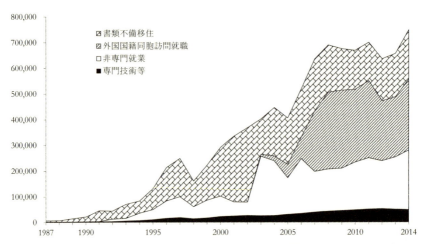

図2　韓国の外国人移住労働者数：熟練水準・民族別累積分布、1987–2014年

送出国政府と了解覚書締結作業をしています。しかし、2004年にはフィリピン、モンゴル、スリランカ、ベトナム、タイ、インドネシアと了解覚書を締結しました。国内人材需要の一部しか満たすことができませんでした。つまり、韓国政府が提示した要求と条件を受け入れた国とのみ了解覚書を締結した結果、非専門就業者の導入が遅滞したのです（柳吉相・

李圭鎔・朴成宰 2005 参照)。2005 年の非専門就業者数は 52,305 人で、その前年度の 126,421 人よりも顕著に減少しました。しかし、これは過渡期的現象だったといえるでしょう。2006 年にはその規模が 113,523 人に増え、非専門就業者の人材導入遅滞現象は解消されましたし、移住労働者数は再び増加傾向へと転じました。

　第四に、2009-2010 年の外国人移住労働者数が減少したことは、グローバルな金融危機にともなう国内景気沈滞の結果として把握されます。2008 年に移住労働者数は 689,155 人でしたが、2009 年には 675,096 人、2010 年には 668,381 人と二年連続で減少しました。政府は、景気低迷が長期化するにつれ、国内低所得層の生活機会を保護するという名目で、2009 年に雇用許可制外国人労働者の導入受け入れ枠を大幅に減らしました。2008 年の年間導入人員は 132,000 人でしたが、2009 年には非専門就職 17,000 人、訪問就職 17,000 人で合わせて 34,000 人に減少しました。2010 年には非専門就職受け入れ枠を 17,000 人に増やしましたが、外国国籍同胞訪問就職査証の発行規模は 2009 年の在留人員 303,000 人に凍結する措置を施しました。その措置は、在留人員をその水準で維持するために査証発行件数を調節する政策であったため、2010 年には訪問就業者数が 282,662 人になり、その前年度の 303,005 人よりも大幅に減少しました。他方で、2009-2010 年には書類不備移住労働者数も減少しました。それは政府の取り締まりにともなう結果でもありますが、景気低迷の影響もあると見られています。

　第五に、韓国経済は 2011 年に一時的回復期を迎えたかに見えましたが、2012-2013 年には再び景気低迷を経験しました。移住労働者数は、2011 年に 699,689 人で史上最大規模を記録しましたが、2012 年には 635,413 人に減少し、2013 年に 655,923 人へと若干増加したものの 2011 年の水準には至りませんでした。景気低迷が長期化するにつれ、2012 年に政府は非専門就職受け入れ枠を 57,000 人にして (2008 年受け入れ枠は 72,000 人)、訪問就職査証発行規模を在留人員 303,000 人に凍結する一方、査証の発行自体を遅延する政策をとりました。そうするうちに、2013 年には非専門就職受

け入れ枠は 62,000 人に拡大しましたが (2009 年受け入れ枠は 17,000 人)、訪問就職受け入れ枠は在留人員 303,000 人として引き続き凍結しました。それとともに訪問就業者数は顕著に減ったのです。その一方で、2012-2013 年には書類不備移住労働者数が増加しました。2011 年まで韓国の書類不備移住労働者数は着実に減少してきましたが、2012 年以後再び増加しているのです。これは景気が低迷する状況において、政府が外国人労働者の導入規模を統制しましたが、低熟練外国労働者を必要とする零細事業所が彼らを雇用した結果として説明することができます。

まとめると、韓国の移住労働者数の推移は、1999-2000 年のアジア外国為替危機、2009-2010 年のグローバル金融危機にともなう規模縮小も観察されますが、1992 年と 1995 年のように韓国政府の移住労働者規模調節政策にともなう変動も見出すことができます。2012-2013 年の外国人移住労働者の規模変化は、景気低迷と政府政策が複合的に相互作用した結果として理解することができるのです。

3. 韓国の外国人労働者政策の評価と課題

韓国の外国人専門技術労働力政策は、有名無実な状態です。国内に就職した外国人専門・技術者数は多くありません。約 5 万人に達する専門・技術査証所持者のうち、大多数が英語・中国語・日本語など外国語講師です。彼らを除けば、名実共に専門技術人材といえるものはごく少数です。企業と大学が国際化を叫んでいながらも、実際には閉鎖的な雇用慣行を維持しているのです。

政府の外国人専門労働者政策は様々な部署に分散していて、統合的な管理がなされていません。韓国で就業中の外国人専門労働者が国内労働市場と経済発展に及ぼす効果も測定されないまま、漠然と多いほど良いだろう、というような具合です。政府が、外国人優秀人材受け入れ政策を発表する時に欠かせないゴールドカードやサイエンスカードなどの「出入国優待制度」を用いて、外国人優秀人材を受け入れようと考えるならば、

それは誤算でしょう。出入国管理と物流サービスで何年も世界1位となった仁川空港では、出入国優待制度と関係なくすでに、エコノミークラスに搭乗した乗客さえも手荷物よりも早く保安検査場を通過できるようになっています。それよりは、国内組織において外国人優秀人材を受け入れることができるように支援する制度を準備することの方が急務です。

すべての国家は、外国人専門・技術者と投資家とを自国に誘致するために競争しています。アメリカをはじめとする主な先進国は、自国の企業や大学にて優秀な外国人人材を受け入れられるよう支援を惜しんでいません。外国人投資家を誘致するために企業敷地を安い価格で提供して、税制上の特典を提供したりもしています。移民受け入れに相対的に消極的態度を取ってきたドイツと日本も、この点では異なりません。その一方で、各国政府は外国人専門・技術者流入が自国の労働市場に及ぼす効果を測定し、衝撃を最小化する方式で制度を運用していることを参考にしなければなりません。

韓国の低熟練外国人材政策は、いま岐路に立っています。政府は中小企業の労働力不足を解消するため、という理由で、10年前から外国人雇用許可制を施行しています。施行初期には外国人労働者の国内就職期間は最長3年でしたが、その後4年10ヶ月まで延びましたし、2012年には「誠実な労働者制度」を施行して再就職も許容しました。換言すれば、外国人労働者は10年近く、国内で合法的に就職することができるのです。

しかし、雇用許可制を通した低熟練外国人労働者は、配偶者と未成年の子どもを伴うことができません。韓国政府が、低熟練外国人労働者家族に「同伴」(F-3)査証を発行しないためです。これは「合法就職移住労働者の家族同伴権」という国際規範の違反、大韓民国憲法が保障する「家族生活を営む権利」の侵害と解釈されうるので、対策が必要です。

それだけではありません。近いうちに、10年間就職した外国人労働者が現れてくるはずですが、彼らの国内定着を許容するかどうかも深刻に考慮しなければならないでしょう。機械は10年間使えば古物になってしまいますが、10年間同じ職業に従事した労働者は「産業の達人」、すなわ

ち技能労働力になります。彼らを専門・技術者に準ずる処遇にするのか、でなければ相変らず低熟練人材とみなすのか決定しなければならないでしょう。

韓国政府は、交替循環型外国人労働者政策から決別して、移民政策の一貫として外国人労働者政策を打ち立てて推進しなければならない時点に到達したのです (Seol and Skrentny 2009a; 春木育美・薛東勲 2010; Seol 2015)。韓国が進む道はいろいろあるでしょうが、そのうちの一つを選択しなければならないのです。韓国が、「静かな朝の国」という隠遁のイメージから離れて世界の中心国として飛躍するためには、移民の許容を通した人的開放が必須であります。鎖国、閉鎖の道は代案にならないということを考慮すれば、どの道を選択するかは重要なことでなく、あちこちに置かれた障害物をどのように除去するのかがカギだといえます。今日、韓国は移民開放をどのようにするべきかを研究し、制度を再設計しなければならないという課題を抱えているのです。

注

1) いわゆる「不法滞在 (在留) 労働者」を著者はこのように称す (編者注)。

文献

薛東勲, 1999,『外国人労働者と韓国社会』ソウル：ソウル大学出版社.
薛東勲, 2000,『労働力の国際移動』ソウル：ソウル大学出版社.
薛東勲, 2010,「外国人雇用許可制の争点と展望」『韓国移民学』1, 1, 5-28.
薛東勲, 2014,「韓国の外国人労働者需給分析」『中長期人材需給見通し』陰城：韓國雇傭情報院, pp. 136-177.
春木育美・薛東勲, 2010,『韓国の少子高齢化と格差社会：日韓比較の視座から』東京：慶應義塾大学出版会.
柳吉相・李圭鎔・朴成宰, 2005,『外国人雇用許可制施行一年の評価および今後の発展方向』果川：労働部.
Seol, Dong-Hoon, 2012, "The Citizenship of Foreign Workers in South Korea." *Citizenship Studies*, 16(1), 119-133.
Seol, Dong-Hoon, 2014, "Immigration Policies in South Korea: On the Focus of Immigration Requirement and Incorporation to Korean Society." pp.73-97 in *Migration and Integration: Common Challenged and Responses from Europe and Asia*, edited by Wilhelm

Hofmeister, Patrick Rueppel, Ives Pascouau, and Andrea Frontini. Singapore: Konrad Adenauer Stiftung.

Seol, Dong-Hoon, 2015, "The Political Economy of Immigration in South Korea." pp. 63-79 in *Social Transformation and Migration: National and Local Experiences in South Korea*, Turkey, Mexico and Australia, edited by Stephen Castles, Derya Ozkul, and Magdalena Cubas. London: Palgrave Macmillan.

Seol, Dong-Hoon, and John D. Skrentny, 2004, "South Korea: Importing Undocumented Workers." pp. 481-513 in *Controlling Immigration: A Global Perspective*, 2nd Edition, edited by Wayne A. Cornelius, Takeyuki Tsuda, Philip L. Martin, and James F. Hollifield. Stanford, CA: Stanford University Press.

Seol, Dong-Hoon, and John D. Skrentny, 2009a, "Why Is There So Little Migrant Settlement in East Asia?." *International Migration Review*, 43(3): 578-620.

Seol, Dong-Hoon, and John D. Skrentny, 2009b, "Ethnic Return Migration and Hierarchical Nationhood: Korean Chinese Foreign Workers in South Korea." *Ethnicities*, 9(2): 147-174.

[訳：金泰植（キム・テシク）]

第4章 オーストラリアの外国人労働者と多文化主義
──多文化主義後の社会統合？

関根政美

はじめに ── 「移民国家」と「非移民国家」

　カースルズとミラー『国際移民の時代』(Castles and Miller 2010 = 2011) によると、西欧先進諸国の多くは、自国を「非移民国家 (non-migrant country)」であると規定していました。その結果、移民や外国人定住者の存在を重視せず、あくまでも臨時的な受け入れと考えるだけでなく、戦後急速に増えた外国人労働者で定住した者とその家族は、いずれは帰国すると考えられていたのです。そのため、外国人定住者とその家族への支援強化は、かえって外国人の定住を促進すると考えていた節があります。多文化主義などの導入は、移民国ではないと自認する国々では遅れ、その結果、移民・難民・外国人定住者への支援には消極的だったので、定住者の社会参加も遅れたのです。外国人定住者は周辺化され、閉鎖的なエスニック・コミュニティを形成し「平行社会 (parallel societies)」を作り上げることになったのです[1]。

　それに対して、オーストラリアやカナダは建国当初より「移民国家 (migrant country)」としての道を歩んだこともあり、19世紀から20世紀半ばにかけて人種差別的な移民制度を導入していたものの (たとえばオーストラリアの白豪主義 White Australia Policy)、1960年代以降は移民供給国の多様化に応じて、非差別的な移民政策を廃止するとともに多文化主義に基づく社会統合政策を導入していきました。これは、欧州からの白人移民の予備

軍が欧州諸国の少子高齢化により減少したせいでもあります。メルティングポット政策が実行されていたアメリカでは政府主導による多文化主義の導入は行われませんでしたが、移民の多様化が進むと多文化主義政策が草の根的に実施されていくと同時に、アファーマティヴ・アクションなどの積極的差別是正策が導入されていきました。この差は、移民・難民を国民国家形成の重要な要素と考えるか、あるいは一時的な労働力不足対策用の人材とみなすかの違いに基づいています。

1. オーストラリアの多文化主義

ところで、「多文化主義(Multiculturalism)」に基づいた政策は、同化主義的な社会統合は差別的であるとして、積極的に移民・難民・外国人労働者の定住・永住を促すだけでなく、伝統的文化・言語・宗教の価値を承認し、むしろそうした多様性を国民国家の文化・社会的発展・経済成長につなげようとするものです。そのために、移民・難民、外国人人口の定住のみならず、社会参加支援を積極的に行います。国際移民を社会の周辺に閉じ込めておくのは、人材の無駄遣いだと考えます(差別は不経済)。差別をなくすだけではなく移民・難民系国民の社会参加を支援して、外国人人口の経済的自立と人材の有効利用を促すのです。

多文化主義は、1970年代前半にカナダが導入したものですが、その諸政策をオーストラリアの多文化主義政策にしたがって分類すると以下のようになります[2]。

①移民・難民・外国人労働者への差別をなくし、定住・社会参加支援政策を充実させる、
②文化・言語・宗教維持支援を充実させる(多文化・多言語教育の実施)、
③国民に自国が多文化社会化しているという文化・社会変動を理解して、多文化社会に適応的な市民意識(文化的寛容さ相互理解と対話への積極性)の醸成のための啓蒙と同時に、移民・難民・外国人コミュ

ニティと国民社会の相互交流・理解を促進する。

　オーストラリアでは、国民の啓蒙のため多言語放送による全国ネットのテレビ・ラジオ放送局「SBS（特別放送局）」を設置しています。テレビの場合は1日の半分は英語放送、あとの半分は多言語放送・英語字幕付きとなっています。確かに、多文化主義では多文化性の承認と寛容を中心とした価値観が重視されてはいますが、多文化性を承認するとはいえ、それは国益重視と民主主義社会の基礎的なリベラルな価値という枠（制限）のなかでの承認であることは十分に強調されていました（Liberal Multiculturalism）。また、多文化主義は一部の地域でのみ実施するのではなく（特殊主義）、全国的に対応すべきとされました（主流主義）。そうしないと移民・難民は一部の地域から移動することが困難となり、そこにエスニック・ゲットーやスラムなどの平行社会ができてしまうという不安からでした。

　オーストラリアでは、1960年代まで維持されていた白豪主義を廃棄し多文化主義オーストラリアへと変化しましたが、それは、オーストラリアの母国であった英国が1973年にEEC（現EU）の一員となり、ニュージーランドとともにアジア太平洋の「閉鎖的ヨーロッパ国家」から脱皮し、「開放的アジア太平洋国家」としての道を歩まざるを得なくなり、日本、韓国、中国、インド、東南アジア諸国などとの関係を強化せざるを得なくなったからです。その際には、白豪主義の終焉を明示するためにも多文化主義の導入を印象付ける必要がありました。多文化主義は、1973年にウィットラム（G. Whitlam）労働党政権（1972-73年）により導入宣言がなされましたが、本格的導入はフレイザー（M. Fraser）保守連合政権（1976-83年）が行いました。そして、後のホーク（B. Hawke）およびキーティング（P. Keating）労働党政権（1983-96年）により拡充されていきました。キーティング政権は、英国との憲法上のつながりを断ち切り、真の独立国家である「アジア太平洋国家・多文化主義オーストラリア」になるため、1995年には、立憲君主制国家から大統領制共和主義国オーストラリアへ移行するための、（移

行を目指す)国民投票を提案するまでになりました。

　しかし、1996年にハワード (J. Howard) 保守連合政権 (1996-2007年) が登場すると、それまでの超党派的な多文化主義への支持は失われていきました。ハワード政権は1999年の国民投票での政体移行を阻止するとともに、多文化主義への批判を強めていったのです。そして表立った多文化主義終焉宣言はないまま、多文化主義予算を削減していきました。他方で、それまでの非差別的な移民制度に修正を加え、高度人材を中心とする選択的移民制度を導入しました。その結果、家族呼び寄せの抑制や難民受入れ規制強化(太平洋ソリューションの導入)が実施されました。ハワード首相は、多文化主義は移民・難民マイノリティの利益を強調し過ぎると批判し、国民マジョリティの利益(＝国益)と社会的結束をより重視し、多文化教育よりはシティズンシップ教育を強調しました。

　シティズンシップ教育では、「国民の権利・人権」よりも「国民としての義務・忠誠」が強調され、国民意識の強化が求められました。移民・難民のエスノ・ナショナリズムよりもオーストラリア・ナショナリズム (Australian Nationalism) が強調されたのです。そしてハワード政権末期の2007年には、移民の帰化に際してシティズンシップテストが課せられるようになりました。試験項目は議会制民主主義、選挙、憲法、市民の権利・義務などのリベラルな諸制度に関する知識に加えて、普遍的なリベラルな価値観を「オーストラリア的価値 (Australian Values)」と名付けて試験の対象としました。同年には北部準州の先住民に対して「緊急介入政策 (NT Emergency Intervention)」を導入し、先住民の生活管理を強化しました。これは国連により人種差別的政策として批判されました。その結果、2000年代半ばになるとオーストラリアは「多文化主義後 (After/ Post Multiculturalism) の時代」に入ったとする議論も散見されるようになりました[3]。

2. EU諸国での多文化主義の失敗論とその背景

　多文化主義への批判は、1990年代後半から2000年代にかけてオース

トラリアだけではなく、北米諸国や欧州諸国においても盛んになりました。また戦後、旧植民地諸国より移民労働者、外国人労働者を大量に受け入れた英国、フランス、ドイツなどでも多文化主義批判は強まりました。さらに、欧州では本格的に多文化主義を導入した数少ない例外的な国とみなされていたスウェーデンやオランダでも多文化主義への批判が進み、オランダでは多文化主義は終焉を迎えたといわれるようになりました。オランダとスウェーデンが例外だったのは、福祉国家主義の伝統が強かったためで、福祉サービスの提供を徹底化するために多言語主義と多文化主義が採用されやすかったのです。

しかし、たとえ国家レベルでの多文化主義政策の導入を表明していない国々でも、民主主義国家を標榜する欧州諸国では、地方自治体レベルでは増大する文化・社会の多様化を前にして、目の前で困っている人びとを助けないわけにはいかない場合が多く、多文化主義政策あるいは類似の政策が積極的に導入されている場合も多いのです。2010年から11年にかけて、ドイルのメルケル首相、英国のキャメロン首相、そしてフランスのサルコジ大統領が「多文化主義の失敗」を表明しましたが、それらの諸国でも多文化主義政策や類似の政策は地方自治体レベルでは盛んです。NGO・NPOなどの市民活動と協働した支援も活発であると同時に、一般市民の多文化主義への支持は、政治家の主張とは異なり高いことが指摘されています[4]。

それにもかかわらず、なぜ首相や大統領たちは多文化主義の失敗を表明したのでしょうか。その原因は、20世紀後半になるとヨーロッパ先進諸国への北アフリカや中東諸国・南アジアからのムスリム移民・難民が増大し、1980年代、90年代には先進諸国の多くは「超多文化社会(Super/Hyper diverse society)」になっていったからです。ムスリムの人びとは、キリスト教的価値観やリベラルな政治・社会的価値観に対して敵対的であるのみならず、自分たちだけで固まって閉鎖社会を築き、社会を分裂させるという不安が強まったのです。2001年9月11日の米国への同時ハイジャックテロ攻撃以後の、イスラーム過激主義者によるテロ攻撃の世界

的拡大は、ムスリム恐怖を拡大するだけでなく、多文化主義は平行社会を拡大し、社会分裂の元凶だと論じられるようになりました（多文化主義⇒多分化主義）。オランダでは、2002 年 5 月のホルトウィン議員と 2004 年 11 月のゴッホ映画監督が、イスラーム教徒の若者により暗殺されたこともあり、伝統になりつつあった多文化主義からの撤退が進みました。さらに、ムスリム移民の増大は、ヨーロッパ各地の移民排斥主義と極右政党の台頭を促進したことから、イスラーム教徒の増大と多文化主義の失敗とを結びつける言説が 1990 年代より強まり、2000 年代には多文化主義の終焉が本格的に論じられはじめました[5]。

　論争のさなかに、多文化主義は暗黙のうちに「政教分離 (separation of politics and religion)」や「脱宗教化あるいは世俗主義 (secularisation)」が前提とされていたことが明らかになり、脱宗教化した世俗主義社会では機能するが、世俗主義を否定するイスラーム教徒には通用しにくいとの認識が生まれ、多文化主義失敗論や限界論がさらに強まったのです (Levey and Modood 2009)。同様なことがオーストラリアでも生じ、1996 年には極右政党とみなされた「ワン・ネイション党 (One Nation Party)」が登場し、それまでポリティカル・コレクトネス (PC) の観点から自制されていた多文化主義批判の箍が外れたかのように批判が拡大しました。右派からは人種の違いではなく文化の違いによる「共生不可能性」が論じられはじめ、左派からは多文化主義者の文化観は本質主義に基づくので誤りだとの批判も強くなったのです。

3. インターカルチュラリズムとリベラル・ナショナリズム

　それでは、多文化主義の終焉が論じられた後の社会統合政策はどのようになるのでしょうか。EU では多文化主義に代わる新しい統合概念として「インターカルチュラリズム (Interculturalism)」あるいは「インターカルチュラル対話 (Intercultural Dialog) 政策」が 2000 年代に登場しました。EU のインターカルチュラリズムは 2008 年の EU 評議会による新たな社会統合

政策に関する報告書『インターカルチュラル対話――威厳をもった対等な共生』(The Council of Europe 2008) が刊行されて以来推奨されています。それに対して英国ではブレアー (Tony Blair) 労働党政権時代 (1997-2007年) より、多文化主義に代わるものとして「リベラル・ナショナリズム (Liberal nationalism)」が強調されるようになりました (安達 2013)。

「インターカルチュラリズム」あるいは「インターカルチュラル対話」を主張する人びとは、分裂的な多文化主義のかわりに、異文化集団と国民との間の相互交流・理解を促進するために対話・交流の必要性を強調します。なかには、多文化主義が逆アパルトヘイトを生みだしたと主張する者もいますが、多文化主義を批判しインターカルチュラリズムへの変更を強く主張するのは英国人テッド・カントル (Ted Cantle) です。カントルは 1980 年代の北部イングランドにおける一連の人種暴動についての総合的報告書『コミュニティの結束 (Community Cohesion)』(Cantle 2001) を編纂した人物です[6]。

英国を中心に論じられているリベラル・ナショナリズムは、多文化主義は受け入れ国の基本的な価値や国民文化、国民の社会的結束よりも、異文化集団マイノリティの文化や利益を強調し過ぎており、ナショナルな利益 (＝国益) と国民文化、そして民主主義的なリベラルな市民社会の価値・原理の強調を疎かにしていると批判します。テロやデモではなくて民主主義社会のルールの範囲内で政治活動するように移民・難民を教育すること、すなわち、多文化教育よりはシティズンシップ教育が重要だと主張するわけです。そのシティズンシップ教育は、国民の人権や市民としての権利よりも、国民としての義務や貢献を強調し、社会的結束を重視するものです。

多文化主義、インターカルチュラリズム、リベラル・ナショナリズムをめぐる論争は現在でもかしましく続けられています (Barrett 2013 参照)。しかし、その論争を検討してみると、インターカルチュラリズムやリベラル・ナショナリズムの重要性を強調する論者のなかには多文化主義を全否定する者もいたり、多文化主義を十分理解した上での議論とは思え

ないものも多いのですが、この3者を冷静に比較すると2つの新しい主張は多文化主義を否定するというよりは、多文化主義の弱点と思われる点を補強するものだということがわかります (Meer and Modood 2012; Levey 2012)。すでに多文化主義の特色を論じた時に明らかにしたように、多文化主義は移民・難民コミュニティの文化・言語を重視するだけでなく、国民との間やエスニック集団相互の理解促進・交流促進を目的としていたとはいえ、自文化やエスニック・アイデンティティ保護・維持が強調される傾向は強く、インターカルチュラリズムはその点を改善しようとします。また、リベラル・ナショナリズムは多文化主義の閉鎖的・分裂的性格を批判し、社会的結束と統合をより強調するものです。両者には新自由主義と新保守主義の影響が色濃くみられ、社会的公正 (Social Justice) より社会的結束 (Social Cohesion) の強調が過ぎるという問題があるとはいえ、多文化主義が誤解を生みやすいものでもあったことへの、大いなる反省を促すものでもあります[7]。

　オーストラリアでは、ハワード保守連合政権により多文化主義への批判が強まり、リベラル・ナショナリズム的な議論が強化されたことは見てきた通りです。多文化主義政策は2011年に継続が労働党政権によって確認されたとはいえ、2013年からのアボット保守連合政権は再び多文化主義の弱体化を進めています。それどころか1990年代半ばよりハワード政権が積極的に増やした短期滞在労働者が増大し、十分な多文化主義政策の支援を受けられない定住者が増加しているとの危惧も生まれはじめています (Bertone 2013)。短期滞在外国人労働者への支援は、どうしても不十分なものとなりがちであることを考えるならば、性急な多文化主義批判は控えるべきでしょう。

おわりに ── 民主義国家は超多文化社会

　自由・平等・寛容 (博愛) 精神と民主主義を標榜する民主主義国家では、人種・民族・文化・言語の違いによる差別をなくし、移民の持つ文化・

言語の平等・自由を認めざるを得ないので、必然的に多文化社会となるはずです（民主主義社会は多文化社会）。文化多様性を認めない同質的社会はある意味、民主主義社会ではないのです。文化的多様性と民主主義とをどのように矛盾なくまとめていくのか熟慮することが今後必要になります。移民・難民、外国人労働者の増加・多様化による世界の国民国家の超多文化社会化は避けられません。性急な多文化主義批判が進められ、多文化主義の衰退がいわれている今日にあって、2000年代半ばより多文化共生政策を推進している韓国は注目すべきです。多文化共生はマイノリティ支援策として単純に理解されがちな日本と異なり、韓国では民主化の動きと並行している点にも注目したいと思います。

注

1) 平行社会という言葉はカントル報告書で使われた「平行生活（parallel lives）」をもとにした造語である。同報告書では多文化主義がその原因だとしているが、むしろ多文化主義の導入が遅くなったことが原因だとする主張もある（Rattansi 2011: 75-80）。
2) オーストラリア多文化主義および多文化主義政策については、関根（1989; 2000）、塩原（2005; 2010）、石井・関根・塩原（2009）などを参照。ごく最近の動向については、Levey（2012）および Jakubowicz and Ho（2014）を参照。
3) 多文化主義に「ポスト」あるいは「アフター」という接頭語を付けた表現は1990年代よりオーストラリアでは使われ始めている。この点については Ford（2009）を参照。
4) ヨーロッパ諸国の多文化主義については、Taras（2013）, Vertovec and Wessendorf（2010）, Balint, P. and Sophie Guérard de Latour（2013）, などを参照。Balint and de Latour（2013:chapter 1）は、中央政府と地方自治体との対応の差に注意を促している。オランダでも2000年代には多文化主義への支持が高いことが報告されている Breugelmans et al.（2009）。
5) 多文化主義の終焉論の早期のものとしては Joppke（2004）がある。
6) リベラル・ナショナリズムについての議論は安達（2013）に基づいている。カントル報告書については安達（2013:148-162）を参照。英国の移民政策・社会統合政策の変遷については浜井（2007）も参照。
7) インターカルチュラリズム支持者やリベラル・ナショナリズム支持者は、多文化主義は統合を無視した分離政策だと批判するが、そのような多文化主義政策を導入した国はないので的外れな批判と思われる。多文化主義支持者は対話・交流を支持するのが普通である（たとえば Parekh 2002; 塩原 2012 参照）。

文 献

安達智史, 2013,『リベラル・ナショナリズムと多文化主義：イギリスの社会統合とムスリム』勁草書房.

Balint, P. and Sophie Guérard de Latour eds., 2013, *Liberal Multiculturalism and the Fair Terms of Integration*. Basingstoke:Palgrave Macmillan.

Barrett, Martyn, ed., 2013, *Interculturalism and Multiculturalism: Similarities and Differences*. Strasbourg: Council of Europe Publishing.

Barrett, Martyn, 2013, "Introduction - Interculturalism and multiculturalism: concepts and controversies", in Martyn ed.:15-41.

Bertone, S., 2013, "Precarious Bystanders: Temporary Migrants and Multiculturalism", In Jakubowicz and Ho eds.:171-182.

Breugelmans, S.M., F.J.R. van de Vijver and S.G.S. Schalk-Soekar, 2009,"Stability of Majority Attitudes toward Multiculturalism in the Netherlands between 1999 and 2007", Applied Psychology, 58(4):653-671.

Cantle, Ted, 2001, *Community Cohesion: A Report of the Independent Review Team* London: Home Office.

Cantle, Ted, 2012, *Interculturalism: the New Framework for Race and Diversity Basingstoke*: Palgrave Macmillan.

カースルズ、S.／M. ミラー, 2010=2011,（関根政美・薫監訳）『国際移民の時代（第4版）』名古屋大学出版会.

Council of Europe, 2008, *White Paper on Intercultural Dialogue - "Living together as Equals in Dignity*. Strasbourg: Committee of Ministers, Council of Europe.

Ford, Margot, 2009, *In Your Face: A Case Study in Post Multicultural Australia*. Darwin NT.: Charles Darwin University Press.

Gozdecka D.A., A.E. Selen and M. Kmak," From Multiculturalism to Post- Multiculturalism: Tednds and Paradoxes", *Journal of Sociology*, 50(1)51-64.

浜井裕三子, 2007,「多民族・多文化国家イギリス」木畑洋一編著『現代世界とイギリス帝国』ミネルヴァ書房：63-93.

石井由香・関根政美・塩原良和, 2009,『アジア系専門職移民の現在──変容するマルチカルチュラル・オーストラリア』慶應義塾大学出版会.

Jakubowicz, A. and C. Ho, eds., 2014,*'For Those Who've Come Across the Seas': Australian Multicultural Theory*, Policy and Practice, London: Anthem Press.

Joppke, C. 2004, "The Retreat of Multiculturalism in the Liberal State: Theory and Policy, *British Journal of Sociology*, 55(2):237-257.

Levey, G. B. 2012, "Interculturalism vs. Multiculturalism: A Distinction without a difference?", *Journal of Intercultural Studies*,33(2):217-224.

Levey, G.B. ed., 2012, *Political Theory and Australian Multiculturalism*, 2nd ed. Oxford: Berghahn Books.

Levey, G.B. and Tariq Modood, 2009, *Secularism, Religion and Multicultural Citizenship*. Cambridge, UK: Cambridge University Press.

Meer N. and T. Modood, 2012, "How does Interculturalism Contrast with Interculturalism?", *Journal of Intercultural Studies*, 33(2):175-196.
Parekh, B., 2002, *The Future of Multi-Ethnic Britain, revised edition*, London: Profile Books
Rattansi, A.2011, *Multiculturalism: a very short introduction*, Oxford UK: Oxford University Press.
関根政美，1989,『マルチカルチュラル・オーストラリア』成文堂.
関根政美，2000,『多文化主義時代の到来（朝日選書）』朝日新聞社.
塩原良和，2005,『ネオ・リベラリズムの時代の多文化主義――オーストラリアン・マルチカルチュラリズムの変容』三元社.
塩原良和，2010,『変革する多文化主義へ――オーストラリアからの展望（サピエンティア）』法政大学出版局.
塩原良和，2012,『共に生きる――多民族・多文化社会における対話（現代社会学ライブラリー3）』弘文堂.
Taras, R. ed., 2013, *Challenging Multiculturalism: European Models of Diversity*. Edinburgh: Edinburgh University Press.
Vetrovec, S. and S. Wessendorf eds., 2010, *The Multiculturalism Bacaklash: European discourses, policies and practices*. Abingdon: Routledge.

第5章　討論：いま何が問われ、何が含意されているのか、あるいは何が問われなかったのか
―― トランスナショナルな視点から

西原和久

はじめに

　今回の日本社会学会での日韓ジョイント・パネル・セッションは、社交辞令でなく、本当に刺激的で、示唆的でした。このセッションの成立経緯などについては、序章で有田伸さんが述べているので繰り返しませんが、非常に人選もよかったと思います。4名の報告者にまずは心からお礼を述べさせていただきます。そして、日本社会学会の日韓担当の有田伸委員と山本かほり委員にも、お礼を述べさせていただきます。このお二人が実質的に今回のセッションをお膳立てしてくださいました。ミスキャストは、討論者に私を選んだことだけでしょうか。

　私は、韓国研究の専門家ではありません。せいぜいここ10数年、東アジアと日本における人の移動と交流に大きな関心をもって、少しずつですが研究を進めている者です。私自身の専門は社会学理論の研究で、最近はトランスナショナリズムやコスモポリタニズムなどの「社会理論」に関心をもっています。そしてその文脈から、長野県の寒村に来ている東アジア（とくに中国）からの（農業）研修生／技能実習生の調査をおこない、東日本大震災後は、主に石巻・女川・南三陸町などの宮城県の被災外国人居住者（支援）の調査研究を進めてきました（巻末の「参考：震災関係の拙稿文献」を参照ください。日中韓仏で、そして英語等での発信に努力してきました）。

　ですので、本日は、（古いタイプの？）社会学理論研究者と（新参の？）多

文化社会研究者として、あえて若干のコメントと質問をさせていただきます。まずは「何が論じられたのか」について、整理しておきます。

1. 各報告の視角とインプリケーション（1）

　まず、李惠景報告は、韓国における結婚移民（日本では結婚移住者という表現が一般的ですが）に関する政策と現状が論じられました。その際に、韓国では結婚移民の家族を「多文化家族」と呼ぶこと、そしてそれがあたかも「多文化」の意味内容になっていること、この点は韓国専門でない外部の者にとっては、とても示唆的でした。さらに、結婚移民と労働移民の重なりを指摘している点も、非常に刺激的でした。基本的に、その通りだろうと思います。そして何よりも、「終わりに」で、東アジア社会の「家父長制、家族主義、国家主義」という3種類のイデオロギーを指摘している点もとても納得がいきます。とくに最後の「国家主義」の指摘は非常に重要だと思われますし、まさにそこに、今回の各報告に共通に見られるインプリケーションがあると考えられます。私の後述のコメントも、その点をめぐってなされるはずです。

　次に、鈴木江理子報告。鈴木氏は、「非正規滞在者」という視点から、戦後とくに1980年後半以降の日本の外国人政策のタテマエと本音を非常にうまく整理して論じてくださいました。ですから、ピーク時に30万人を越えていたとされる非正規滞在者（不法入国者）を本音では活用しながら、89年改定入管法の90年施行後、日系南米人の活用、そして研修生制度の開始・拡充の流れのなかで、2012年の新たな在留管理制度のもとでは「『見えない人間』として不可視化」された点を強く批判的に述べていた点が印象的です。

　ちなみに、日本の外国人政策あるいは多文化（社会）政策は、政府（国家）がほとんど関わらない形で進んできました。もちろん、国は「国際化」の重要性を感じ、1989年には旧自治省（現総務省）が「地域国際化推進指標」を策定して「内なる国際化」を進めようとし、さらに1997年には「人権施

策にかんする国内行動計画」を発表して、そのなかで女性・子ども・高齢者・障害者・同和問題・アイヌの人びと・HIV感染者・刑終えて出所した人に加えて、はじめて「外国人」が登場することとなりました(柏崎2009、参照)。とはいえ、具体的な施策は、地方に丸投げ、です。地方は頑張りました。とくに2001年からは浜松市をはじめとする「外国人集住都市会議」が発足して、国にも地方行政にも、そして一般の人びとにも、知恵を絞りながら情報発信を続けてきました。そうしているうちに、2006年には総務省関連の研究会が「多文化共生の推進に関する研究会報告書〜地域における多文化共生の推進に向けて〜」を公表したこと、そしてその年にいくつかの国の方針が出たこともよく知られています。しかし、日本において「国際化」とは、欧米など先進国に追いつく過程であるかのように、自国中心で語られがちで、さらに多文化共生も基本的に外国人居住者に(地域での)同化を求めるかのようなニュアンスを伴っていました。これでは「真の国際化」(仮にそういうものがあるとしてですが)とは距離があるといわざるを得ないでしょう。

　鈴木報告は、おそらくそうした経緯を念頭に置きつつ、2009年の内閣府の「定住外国人施策推進室」設置や2012年の「ポイント制度」導入、そして新たに(本書のために)2015年度からの「外国人建設就業者受入事業」などに言及しております。「女性が活躍する社会」のインプリケーションを含めて、そのあたりのことは鈴木報告を熟読するなかで有益な示唆を得ることができると思われます。

2. 各報告の視角とインプリケーション (2)

　さて、鈴木報告へのコメントが少し長くなりましたが、薛東勲報告に移りたいと思います。鈴木報告や私の前節での話と対応する形で、薛報告は、非常に緻密に韓国の外国人労働者問題をまとめ上げて下さっています。これを精読することで、韓国における外国人移住労働者数の推移を含めた外国人労働者(外国籍同胞を含む)の問題とその政策的対応の歴史

的動きが非常によくわかります。そのインプリケーションとしては、韓国が日本と同じような「研修制度」を導入しながらも、その問題点の多さからすぐに廃止して「雇用許可制度」に移行したプロセスもよくわかりました。日本と対比してみると、非常に興味深い点です。まさに、韓国を代表する実証的な研究の第一人者だということが如実に示されていると思われます。

しかしながら、その研究の視角に関しては、一点だけ気になる点があります。それは報告の末尾近くで薛氏が、「韓国が……世界の中心国として飛躍するためには、移民の許容を通した人的開放が必須であります」(本書56頁)と述べている点です。別に、ここで日韓対立を助長する気は毛頭ありません。むしろ逆です。ここに見られるのは、先の李報告で示された「国家主義」のインプリケーションであるように思われます。あるいは、U. ベックの言う「方法論的ナショナリズム (methodological nationalism)」がここに見られるように思われます。

ベックの方法論的ナショナリズムは、彼自身もいろいろな形で説明していますが、入手しやすい文献のなかでは次のような説明、すなわちそれは、「国民国家と社会とが近代世界における『自然な』社会的政治的形態であると想定するもの」(ベック 2011: 145) という説明を挙げておきたいと思います。というのも、自分の国の発展を望むのは極めて当然の (「自然な」) ものであり、かつ現実的なものでもあると思われているからです。この点を含めてナショナリズム自体を私は頭から否定するつもりはありません。しかしながら、外国人問題は、自国の発展 (ないしは国益) のために (「世界の中心国として飛躍するために」) 外国人を活用するものであったとしたら、あまりにも論点を狭めるものではないでしょうか。

もちろん、私としては薛氏が'そこまで言っていない'と反論することを期待していますが、自然な形で国家の発展が語られる思索の回路にこそ、重要な問題点が潜んでいると私は考えています。外国人問題とは、国家を超えた同じ人間としての交わり、つまりは同じ人権を有する異なる文化的背景をもった人びとの「交流」の視点こそ、最も重要な論点の

一つがあると私は考えています。この点はさらに後に触れましょう。

そこで最後に、多文化主義を正面から取り上げた関根報告に移りたいと思います。関根報告はオーストラリアを中心にしつつ、最近の欧米の多文化社会の動向にも目を向けております。とくに多文化主義批判の文脈で、文化間対話を目指すインターカルチュラリズム（間文化主義）も取り上げています。関根氏によれば、多文化主義が目指していた点は間文化主義の主張に近いことを指摘し、しかも社会的結束を強調する間文化主義は、ともすると逆に社会的公正（social justice）の問題がおろそかになることも鋭く指摘しています。そこでは、形を変えた「同化」が危惧されるからでしょう。逆も真なり。だからこそ、関根氏は「民主主義社会は多文化社会」なのだと主張されています。国境を超えたいわばグローバルな正義（justice）をどう実現するのか、が問われることになります。その意味で、関根氏が最後に、2000年代半ばから多文化共生を推進している韓国は着目すべきであると述べているのは、慧眼です。そして韓国では多文化社会への道が民主化の動きと並行していることにも注目していると述べて、報告を終えております。

3. 問われたこと／問われなかったこと、そして各報告の位置づけ

たしかに、韓国側の報告の中で指摘されてきているように、韓国では日本の経験の一部を踏襲しながら（たとえば研修制度）、しかしその問題点にもいち早く気づき（研修制度の廃止、雇用許可制の導入）、さらに日本よりも積極的に外国人政策を展開している印象があります（多文化家族支援法や外国人処遇法の制定）。また、報告のなかでは必ずしも触れられておりませんでしたが、外国人処遇法に対応した形の「世界人の日」の制定や2011年の二重国籍認容なども挙げることができるでしょう。もっとも、こうした国家政策が国民レベルでどれだけ浸透しているのか部外者にはよくわかりません。私が韓国で、知り合いの韓国人社会学者に「世界人の日」のことを聞いても、その存在を知らない社会学者もおりました。

もちろん、韓国は「北」との関係がありますから、また中国や日本との関係もありますので、どうしても民族や国家のあり方が強く前面に出てきているように思われます。その意味で、国家の発展・国益の重視といった広い意味での国家主義的発想は、ある意味「自然」なのかもしれません。その点でのナショナルな発想は、もちろん了解可能です。しかしながら、外国人労働者問題や多文化社会論をメインに研究しようとする場合、もう一つの柱は、トランスナショナルな側面でしょう。討論者としては、本日のご報告の中で、正面からトランスナショナリズムを見据えた報告がなかったように思われます（もちろん、関根報告はこの言葉こそ正面からは取り上げていないとしても、ご研究全体がこの点とも深く関わりますし、李報告や鈴木報告はこの点を背景になされていることは了解しております）。そこで、討論者自身が考える、トランスナショナリズムの焦点に関して、残りのスペースで述べさせていただきたいと思います。ただしその前に、以上の議論を踏まえて、少し強引ですが、これからの議論を見通す意味でも、4人の方のご報告を私なりに位置づけておきたいと思います。

　すなわち、まず4人のご報告の「分析のパースペクティブ」として、個別主義的か普遍主義的かという軸を考えてみます。個別志向、普遍志向と言い換えても構いません。分析対象への視角と結論がある特定の事柄だけに収斂されて論じられていたのかかどうかという点です。この点では、「非正規労働者」に特化した鈴木報告と「外国人労働者」に特化した薛報告はどちらかというと個別志向的です。それに対して、「普遍的サービス」論や「東アジア国家間比較研究」を提起した李報告と、多文化主義をめぐる過去・現在・未来を展望する関根報告は普遍志向的です。

　次に、「未来への展望」という軸を考えてみたいと思います。というのも、過去から現在までの広義の外国人問題を考える作業は、今後の政策や構想など未来のあり方を考えるためのものだからです。この軸では、一方に「脱国家的（transnational）展望」、もう一方に「国家内的（intranational）展望」（「内国家的展望」と言葉を揃えてもいいかもしれません）の極を考えることができると思われます。国の政策の本音とタテマエを歴史的に緻密に描いた

第5章　討論:いま何が問われ、何が含意されているのか、あるいは何が問われなかったのか　77

　鈴木報告は、その背後に本音を批判し、タテマエを一つの目標として現実のものとしていく方向性が随所に見られます。つまり鈴木報告は、その議論を展望していくと、国家の政策を外に開かれた政策へと展開すべきと主張するような、あえて位置づければ脱国家的な展望を示していると思われます。この点では、普遍的サービスや東アジアに言及する李報告も「脱国家的」展望を示しているといえるでしょう。

　それに対して、薛報告は、国家の発展を狙いとする議論ですから、国家内的(内国家的)展望に立った報告だといえるでしょう。そして、最後の関根報告——実はこの報告を位置づけるのはかなり難しい面もありますが、議論を分りやすくするために「あえて」述べますが——多文化主義政策を展開するのは現実には個々の国家政策レベルのことですので、あえて言えば関根報告は国家内的な展望を前提にした議論だといえるように思われます。もちろん、「難しい」と述べたのは、世界のほとんどの国が「多文化主義政策」を採るとすれば、国境はかなり低いものになるので、脱国家的な展望を内に秘めているからです。しかし、オーストラリアを含む欧米諸国の政策レベルで議論がなされる以上は、あえて国家内的展望に近いとして位置づけさせていただきます(いわゆる「太平洋ソリューション」などを考えると分りやすいと思います)。

　そうすると、各報告の位置づけは、次のような図で示すことができる

		分析のパースペクティブ	
		個別志向的	普遍志向的
未来への展望	脱国家的	鈴木報告 本音批判・タテマエの現実化	李報告 普遍的サービス!
	国家内的	薛報告 「世界の中心国」としての韓国	関根報告 多文化主義政策の「擁護」

でしょう。

4. トランスナショナリズムという視点

さて、以上と関連させて、ここからは自説に触れさせてください。今回の4名のご報告においてあまり触れられなかったは、さらにいくつかあります。たとえば、日本や韓国（および東アジアから）からの「出移民」の話が指摘できるでしょう。「コリアン・ディアスポラ」としてコリアの方々がアメリカ他、世界各地で活躍している話は有名ですし、韓国からの国際養子問題や、父親だけ韓国に置いて母子が海外留学する話など、話題もたくさんあります。日本でも、ハワイやブラジルへの移民から最近のワーキングホリディも利用した「文化移民」（藤田 2008）や「自分探し」（加藤 2009）のトランスナショナルな移住者、さらには「日本社会からの逃避」や「ライフスタイル移住」（長友 2013）も語られているわけですから、この点もいつかお互いに論じてみたいと思います。

そこで、ここでは報告ではあまり触れられていない点のうち、先にも触れたトランスナショナリズムの問題だけに絞って言及したいと思います。

a）トランスナショナリズムの類型

時間（紙幅）の問題がありますので、どうしても簡潔に示さなければなりませんが、今日までの社会学では、「トランスナショナリズム」に関しては、国家を跨いで形成される社会空間や互いの国家へのその影響といった側面で研究が積み上げられてきました。そのことの意義を否定するつもりはまったくありません。しかしながら、社会学は、そして社会学のトランスナショナリズム論は、そうして経験的事実を踏まえて、さらに未来を展望すること、あるいは未来への展望を考察する契機を提供する方向を明確にすべきだと思います。これは、よく規範的側面といわれているものですが（ただし私はパーソンズを思わせるような規範という言葉にはど

うも馴染めませんが)、経験科学としての社会学がそうした規範的側面を持たないとすれば、社会学研究はいったい何のための研究なのでしょうか、と言いたくなります……。

それは、それとして、したがって私はトランスナショナリズムを次のように区別してみておくべきだろうと考えております。別のところで論じた表現を再録する形ですが(西原・樽本編 2016)、トランスナショナリズムには、3つの主要な焦点がありうると思われます。すなわち、

(1)「事実としてのトランスナショナリズム」：人びとが実際に国境を越えて移動する事実的事態。ここには人びとが主観的にそうした移動を是とする考え方を現実に抱いていることも含めておく。(経験論的トランスナショナリズム)
(2)「視角としてのトランスナショナリズム」：現実のそうしたトランスナショナリズムに焦点を当てて学問的・社会学的に捉えようとする研究の視角。(方法論的トランスナショナリズム)
(3)「理想としてのトランスナショナリズム」：狭いナショナリズムを超えて、人びとがトランスナショナルに交流し結びつくことが望ましいとする理想・理念。(理念論的トランスナショナリズム)

ここでは手短に、社会学におけるトランスナショナリズム論は、(1)を探求すべく、(2)を採用し、そして(3)を展望する、と表現しておきましょう。そこで、最も分かりにくいと思われる(3)に関してだけ、私自身の調査に基づく知見を交えて、最後に触れておきたいと思います。

b) トランスナショナリズムの事例

私は、冒頭でも少し触れましたが、2008年から長野県の寒村にやってくる外国人農業研修生(当時)の調査を開始し、2011年の東日本大震災後は宮城県のいくつかの市町でも被災外国人の調査をおこなってきました。こうした調査のなかで見えてきたことですが、とりわけ宮城県において

は、外国人被災者(技能実習生や国際結婚移住者など)をサポートする人びとが際立ちました。サポーターには、NPO/NGO あるいは自治体や国際交流協会・国際化協会なども広い意味では含まれますが、私が着目したのは、当該の外国人居住者と地元の人びととを媒介すべく、支援の手を差し伸べている「土着」の人びとの存在です。例をあげましょう。

　中国から留学生として来日し、後に日本人と国際結婚した中国系の方が、女川の水産加工業の中国人研修生／実習生を支えている事例。あるいは早い段階で国際結婚したフィリピン人で、震災後は夫の実家に仮小屋を建てて、新参のフィリピン系国際結婚移住者を中心に日本語や資格取得のための勉強を無償でサポートしている人。あるいは、韓国から国際結婚で移住してきた方で、国際文化村といった名称で、韓国系住民だけでなく、広くアジア系住民や地元民に門戸を開いて集会施設を作り、言葉や慣習を越えて国際交流を図っている人。さらには、震災の情報を得て、ロンドンから日本に戻って石巻に住み込み、主に東京在住の欧米系の支援者の現地コーディネーターをしている日本人。そして、かつて旅行社に務めていて、震災後は NPO を立ち上げて外国人被災者支援(パソコン教室など)をおこなっている男性。最後に、国際結婚した日本人夫の会を立ち上げて活躍している地元の工場幹部の男性。例はこれくらいにしておきましょう。より詳細な記述はすでに別のところで何回か書いていますし(章末文献参照)、今後もさらに調査研究を続けるつもりなので、いまはこの程度にしておきます。

c) 間文化的媒介者とその現在

　いずれにせよ、私としてはこのようなトランスナショナリズムの実践をしている人びとを「間文化的媒介者」(intercultural mediators) として、着目してきました。単に、国益に叶うからとかではなく、いわば草の根の社会文化交流を媒介者として活性化させようとしている人びとのことです。ところが、2015 年に入ってから興味深いことが明確化してきました。上述のいずれの事例にも関わることですが、震災後 3 年をへて、5 年目を

見通せるようなこの時期に、そうした人びとが外国人被災者だけでなく、さまざまなマイノリティの人びとへの、さまざまな形の支援をおこない始めていることです。もちろん、外国人被災者支援だけでは補助金や寄付が得にくくなった、あるいはもとから福祉的な志向をもっていたなどと、いろいろ考えることはありますが、私が着目したいのは、被災外国人だけでなく、高齢者、子ども、疾病者、障害者、耕作放棄地の農業者や壊滅的な打撃を受けてまだ立ち直れない日本の漁業者などへの支援活動をおこない始めている点です。こうした人びとを「間文化的媒介者」と呼び続けられるかどうかは今後さらに検討しなければなりませんが、私としては高齢者文化、子ども文化、障害者文化などで文化を捉えることは可能であるだけでなく、必要なことでもあるので、その点では「間文化的媒介者」であり続けているように思うのです。

d）コスモポリタン的なトランスナショナリズム

それはともかく、少なくともそうした人びとは、トランスナショナルなレベルを超えて、ある意味でコスモポリタンとしての活動をしているといってよいでしょう。コスモポリタンとは何か。ここでコスモポリタンといっているのは、「世界市民主義者」といったような哲学的、政治的なコスモポリタニズムの論者などではなく、一言でいえば、「世界万人対等主義」とでもいえるような、外国人のみならず、高齢者も障害者なども含めた社会的マイノリティの人びとに対しても、人として対等に生を営めるように支援・媒介している人びと（あるいはその活動の志向と実践）を指しています。ある意味でトランスナショナリズムの理念、理想を考える展望のなかで、こうしたコスモポリタン的な思考と実践が求められているのではないでしょうか。

話があまりにも理想論的で、本日の報告へのコメントからは大きくかけ離れているように思われるかもしれませんが、先に私が分析のパースペクティブや未来への展望の軸で示したかったことはこうした点なのです。国家を超えるというのは、単に物理空間的に国境を越えるというこ

とだけでなく、いわば下から国家とは距離を取って、自分たちの生活世界を作り上げていくような――ヴァナキュラー（土着ないしは日常的）なコスモポリタニズムと表現する人もいますが――新たな社会生成・社会創新のグローカルな道筋なのです。李報告に代表されるような、普遍志向的で脱国家的な方向性の検討が、いまの（とりわけ日本や北東アジアの）社会学にも求められているのではないでしょうか。そしてそのことは、これまでの社会学の基礎概念、「家族」「コミュニティ」「社会」「国家」「ナショナル・アイデンティティ」などの概念の再検討を促すものとなります。この点の展開はさらに紙幅を要しますので、ここでは指摘だけに留めさせていただきます。

　少し長くなりましたが、討論者としての発言は以上です。（なお、当日のコメントとしてのこうした趣旨の発言に、その後加筆・訂正や一部削除を施して、この原稿が書かれたことを書き添えておきます）。

文　献

ベック、ウルリッヒ, 2011,「第2の近代の多様性とコスモポリタン的構想」U. ベック他編『リスク社会化する日本社会』岩波書店.
藤田結子, 2008,『文化移民――越境する日本の若者とメディア』新曜社
柏崎千佳子, 2009,「日本のトランスナショナリズム――移民・外国人の受け入れ問題と公共圏」佐藤成基編『ナショナリズムとトランスナショナリズム』法政大学出版局.
加藤恵津子, 2009,『「自分探し」の移民たち――カナダ・バンクーバー、さまよう日本の若者』渓流社.
長友淳, 2013,『日本社会を「逃れる」――オーストラリアへのライフスタイル移住』渓流社.
Nishihara, Kazuhisa, 2013, Phenomenological Sociology in Japan and its Significance for Contemporary Social Research, in Elliott, A. et al. ed. *Contemporary Japanese Social Theory: From individualization to globalization in Japan today*, London: Routledge.
西原和久, 2015,「越境する実践としてのトランスナショナリズム――多文化主義をこえるコスモポリタニズムと間文化主義への問い」『グローカル研究』第2号.
西原和久, 2016,『トランスナショナリズムと社会のイノベーション――越境する国際社会学とコスモポリタン的志向』東信堂.
西原和久・樽本英樹編, 2016,『現代人の国際社会学・入門――トランスナショナリズムの視点』有斐閣（近刊）

【参考：震災関係の拙稿文献】

2012,「東日本大震災と外国人居住者の問題」『コロキウム：現代社会学理論・新地平』第 7 号.

2013a,「東日本大震災とマイノリティ——トランスナショナルな日常生活者の目線から」『学術の動向』第 18 巻 11 号.

2013b,「全球化時代的日本地震災害与共生問題研究——在日中国女性労働者的案例研究与"跨国主義方法論"」陳立行ほか編『灾害・救援・重建的日中比較——全球化与社会・系資本的視角』吉林文史出版社.

2014a,「海を渡る移住者たち——大震災・移民・ローカルマイリティ」『コロキウム：現代社会学理論・新地平』第 8 号 (芝真里・小坂有資と共著).

2014b, Migration and Migration Policy in Japan: Toward the 21st Century Multicultural Society, *A Quest for East Asian Sociologies*, Seoul:, Soul National University Press. (with Mari Shiba)

2015, Après le tremblement de terre au Japon: la mission transnationale de la sociologie, *Socio, Revue des Editions de la Maison des Sciences de L'homme*. Vol.5.

2016, New Emotion, Action and Recognition of Migrants and Mediators after the Great East Japan Earthquake: Toward a new sociological theoretical approach to multicultural situations in Japan, in Elliott, A. et al. ed. *The Consequences of Global Disasters*, London: Routledge (in press)

終章 「多文化共生」と「在日朝鮮人」
―― あとがきに代えて

山本かほり

はじめに ―― 日韓ジョイントパネル「人の国際移動と移民政策――日韓の事例・両国への示唆」を振り返って

　本書のベースとなった第 87 回日本社会学会日韓ジョイントパネル「人の国際移動と移民政策を考える――日韓の事例・両国への示唆」（於：神戸大学、2014 年 11 月）では、日韓両国からこの分野では第一人者の研究者がそれぞれ二名ずつ発表してくださいました。そして、本企画の「言い出しっぺ」であった日本社会学会国際交流委員長・西原和久先生がコメンテーターをお引き受けくださったのですから、その内容が刺激的であったことは言うまでもありません。有田伸先生（東京大学）と私とで司会をしていたのですが、「進行役」であることを忘れるほど、各報告やその後のディスカッションにのめりこんだことを思い出します。

　「序章」で有田先生も書いていますが、日韓ジョイントパネルは、「お互いの母語で発表し、議論しあう」ことを原則としています。近年の「グローバル」化のもと、私たち社会学者も英語で発表することを求められることが多くなりました。しかし、このジョイントパネルは、互いの母語で「気楽」にかつ「深く」議論することを目標に、日本語・朝鮮語の通訳をはさんでいます。英語が得意な人たちにとっては、逐次通訳は、まどろっこしいかもしれません。しかし、韓国の李惠景先生が何度か「ああ、母語で話せるのはいいわね」と言いながら、議論に参加されていたことが印象的です。

そして、フロアにおられた方たちを含め、活発な議論が展開されたのは、このようなコミュニケーションの方法をとったことが一因だと思っています。もちろん、それが可能になったのは、日本語・朝鮮語ともに堪能な金泰植さんと高誠晩さんの通訳に頼ることも大きかったことは言うまでもありません。

　さて、この日韓ジョイントパネルの内容がいかに刺激的で示唆的だったのかは、本書に掲載された原稿を読んでくださった読者のみなさんには、十分に伝わったことと思います。当日の議論は、西原先生各報告の論点を整理して下さっていますので、繰り返すことはいたしません。ここでの私の役割として、当日のジョイントパネルで扱うことができなかった課題、すなわち、西原先生風に言えば「何が問われなかったのか」部分について、若干、問題提起をして、本書の「あとがき」としたいと思います。

1.「多文化共生」:「古くて新しい」課題？

　鈴木報告の冒頭にもありますが、日本が「外国人労働者受け入れ国」へとなっていくのは1980年代後半以降のことです。1985年の「プラザ合意」での円高の承認、バブル景気を背景とした労働力不足など、国内外の要因がからみあい、建設現場、製造業現場、または飲食店などで働く海外からの外国人労働者が増えていきました。そして、さらには1990年の改定入管法の施行を契機に、日系南米人が自動車産業を中心にした製造業で「単純労働者」として日本で働いて暮らすようになりました。同時に、「研修生・技能実習生」という在留資格がつくられ、「国際貢献（タテマエ）」（鈴木報告27頁）という名のもと安価な「単純労働者」として中国やベトナムなどから来るようになりました。

　このような現象は、1990年代半ば頃までは「内なる国際化」とか「国内の国際化」呼ばれました。そして、その後、2000年代にはいってから「多文化共生」という言葉にかわり、行政文書でも頻繁に使われるようになりました。

この言葉の含意は、異なった文化的背景を持った人どうしが互いに尊重しあいながら社会生活を営むこと、そのためにはマイノリティの社会参加を促進していく社会を形成していくべきだというものです。しかしながら、この言葉の響きの良さや行政の施策に取り込まれていくようになってからは、人権や差別の問題を隠蔽するのではないかという批判もされるようになりました。

　とくに、いわゆるニューカマー外国人の課題、すなわち、言語、文化、生活習慣の違いから生じる日常的な課題ばかりに目が向き、これまで100年以上も日本社会で生活をともにしてきた旧植民地出身者（本章では在日朝鮮人）に対する視野の欠如が指摘されるようになったのです。在日朝鮮人は、「自分たちも日本社会の住民です」と、特に1970年代以降、日本で生きる権利を求めてさまざまな権利獲得運動を展開してきました。私たちは、その在日朝鮮人の歴史から何を学ぶのか、そして、今、何を見落としているのかを考える必要があるように思います。その意味において、「多文化共生」という課題は、日本社会にとっては、「古くて新しい」ものだと言うことができるでしょう。

2. 「在日朝鮮人」問題からの視角

　まず、あらためて、「在日朝鮮人」とはどのような人たちなのかを、ごく簡単に述べておくことにしましょう。

　在日朝鮮人とは、「日本の朝鮮半島植民地支配期（1910年～1945年）および終戦後しばらく続いた社会的・政治的混乱期に、朝鮮半島から日本に来た人たちとその子孫の人たち」のことです。国籍上は「韓国・朝鮮」（「朝鮮」の意味は、たとえば『在日外国人　第三版──法の壁、心の溝』田中宏著、岩波新書、2013などを参照）だったり、または、たとえ日本国籍であっても（帰化や両親のどちらかが日本国籍者のため日本国籍をもっている）、朝鮮人としての帰属意識をもって日本に定住している人のことを指します。

　ところで、この「在日朝鮮人」という呼称をめぐっては、学問でも実践

の分野でも論争が続いています。「朝鮮人」なのか「韓国人」なのか、または「韓国朝鮮人」なのか等、朝鮮半島が南北に分断されている現実において、政治的な立場も絡んで「正解」がでないのです。私自身は、どのような政治的立場を有するにしろ／しないにしろ、「朝鮮半島」出身の「朝鮮民族」であるという理由で「在日朝鮮人」を使用することにしています。言語についても、南北で多少の違いはありますが、共通の言語ですから、「朝鮮語」と呼ぶことにしています。また、昨今は、この政治的対立を「解消」するために「在日コリアン」などという呼称も流布しはじめ、多くの学術論文でも使用されるようになっています。しかし、この呼称は、現実の問題、すなわち、在日朝鮮人たちの「本国」がいまだ冷戦構造下で南北に分断され、それが、在日朝鮮人社会全体にも大きく影響していることを覆い隠すようで、私はこの呼称の使用を躊躇しています。

　さて、このような歴史的経緯をもって日本に暮らしている在日朝鮮人はどのくらいいるのでしょうか？　ひとつの指標は「韓国・朝鮮」籍の中でも、「特別永住」という在留資格を持った人たちの数です。2015年現在、約40万人います。しかし、帰化者や日本国籍者とのいわゆる「国際結婚」によって生まれた子どもで日本国籍を付与された者は、統計には出てきませんので、実際には、上記の定義にあてはまる在日朝鮮人はもっとたくさんいると推測されます。

　現在では、朝鮮半島で生まれ日本に渡ってきた1世たちの多くは亡くなり、すでに、5世、6世が誕生する時代を迎え、文化的には高度に日本社会に「統合」されています。外見でも区別がつきませんし、名前も植民支配の「名残」の「日本名」(通名)を使用することが多いので、日本社会のなかでは「見えない」存在となっています。

　本来「母語」(もしくは「継承語」)であるはずの朝鮮語を話すことができる人は、在日朝鮮人全体の中ではほんの一握りにすぎません。また、たとえ、朝鮮語ができても、在日朝鮮人の「第一言語」は日本語です。日本社会の中で生活している在日朝鮮人たちの民族文化は、家庭内においては、たとえば「チェサ」(法事)の継承、親族呼称などが残っていますが(谷編著

2002、谷 2015、山本 2015 など）、それは、在日朝鮮人の生活世界に深く関わっていかない限り、見えてこないものです。

　それでは、「多文化共生」の必要性が繰り返し言われている日本で、在日朝鮮人の人たちが直面している課題とは何でしょうか。以下、いくつかの点について述べておきたいと思います。

3.「在日朝鮮人」問題からの示唆

　まず、確認しておくべきことは、在日朝鮮人の歴史と今のニューカマー外国人の問題の連続性の問題です。在日朝鮮人が形成される背景には、日本の朝鮮半島植民地支配があったことは先にも述べた通りです。その植民地下において、朝鮮人を安価な労働力として（「自発的」であっても「強制連行」であっても）連れてきた結果、日本の敗戦時には 200 万人を超える朝鮮人が日本にいました。

　朝鮮から日本に来た 1 世たちは、植民地宗主国の日本で日本人からの激しい差別にあいながら、厳しい労働条件や日本人の賃金の 1/3 以下という低賃金で、日本での生活を生き抜いてきました。その時に頼りになったのは、家族親族や同郷の朝鮮人といったネットワークの存在だったと言います。そして、そのうちに家族を呼び寄せ、または、日本で家族を形成していくようになりました。

　植民地支配から解放され、日本にいた多くの朝鮮人たちは、帰国の途につきましたが、様々な事情から約 50 万人の朝鮮人が日本に残り、その後、今日に到るまでの在日朝鮮人社会を形成しました。

　この歴史から学ぶべきことは、谷富夫が指摘しているように「現代日本社会が異民族を安手の労働力商品として扱う結末を見通すためのモデルケース」として在日朝鮮人社会があるということです。そして、在日朝鮮人社会と日本社会が経験してきた摩擦と葛藤、そして今なお、「共存の道」を模索しなければならないという、戦後史を、「今日のグローバル化を議論する際の認識の出発点」（谷 2015：154）とするということです。

次に確認しておきたいことは、在日朝鮮人の日本社会におけるアイデンティティの問題です。植民地時代、日本は朝鮮人を徹底して「日本人化（＝皇民化）」しようとし、言葉、歴史、文化、さらには名前までを奪いました。井沢泰樹はこれを「精神の征服」(渡戸・井沢 2010：68) と呼んでいます。その結果、朝鮮人自身も自らを劣った存在だと認識するようになり、それは、日本生まれの2世、3世たちにも継承されることになりました。

先にも述べたように、見た目では日本人とは区別がつかず、また名前も日本式の通名を名乗ることによって「日本人のふり」は可能です。しかし、日本社会の中で、自身のルーツを肯定されずに成長することは、2世以降の在日朝鮮人にとっては、アイデンティティの苦悩を生み出すことになりました。私はこれまで多くの在日朝鮮人の生活史を聞かせてもらってきましたが、その中には「朝鮮人であることを周囲に知られたくなかった」とか「朝鮮人であることを友人に伝えるべきか」とか「朝鮮人であることを思い切って話したのに、『別に関係ないよ』と言われて傷ついた」というような語りを多く聞いてきました。

日本人側も民族の違いを「見ない」「見ようとしない」ため、表面的には「差別はいけない」「平等な人間関係を形成する」と理解しつつも、決して、踏み込んで、在日朝鮮人たちの存在については考える機会を持たないできてしまいました。その状況では、在日朝鮮人たちが自分の「民族」を肯定的に捉えることは難しかったのが現実です。

このようなアイデンティティの問題は、ニューカマー外国人の子どもたちが、日本社会で育ち、日本の公教育を受けることによってもおきています。在日朝鮮人とは違い、明らかに外見上も異なることが多い外国にルーツを持つ子どもたちが、自分自身を否定することなく、生きていく社会形成はどうあるべきか、継続して問われ続けていると思います。

在日朝鮮人たちは、一部は在日朝鮮人たちが自分たちで作って維持してきた民族学校（朝鮮学校）で言葉や文化や歴史を学びました。また、日本の公教育においては、関西を中心として1970年代から「民族学級」が設置され、放課後の短時間ではありますが、在日朝鮮人の子どもたちが、朝

鮮のことを知る時間が設けられてきました。

　これらは、全て在日朝鮮人自身とその理念をともにした日本人の運動の成果でもあります。日本社会は、このような成果から、全ての外国にルーツをもつ子どもたちを日本社会がどう受けとめ、サポートしていくのかを学ぶ必要があるように思います。

　それと関連して、外国人学校の処遇の改善も急務の課題でしょう。田中宏は「朝鮮学校からブラジル学校まで」(田中 2013：262)を念頭におきつつ、この問題を考えるべきだと提言しています。現在、各種学校認可を受けた外国人学校の中で、唯一、朝鮮高級学校（全国に 10 校）のみがいわゆる「高校無償化制度」から排除されています。さらに、日本の大学入学資格を有するとして文科省が指定した 32 校のブラジル高校のうち、21 校は各種学校認可がないために、やはり、高校無償化制度から排除されているのです（田中、2013：262）。外国人学校が、外国にルーツをもつ子どもたちの教育に重要な役割を果たしてきたことを考えると、外国人の学校の制度保障が成立することが必要だと考えます。

4. 政策的な課題

　最後に、政策的な課題として二つのことを述べておきたいと思います。

　一つは、外国人住民の政治参加の問題です。端的には、参政権をどうするのかという課題です。歴史的には、植民地下では朝鮮人は参政権（選挙・被選挙ともに）をもっていましたが、戦後、「外国人」とみなされることによってなくなりました。しかし、在日朝鮮人は、すでに日本で生まれ育つことが自明の人たちで、日本社会の住民として生活しています。また、ニューカマー外国人たちの中でも在留資格「一般永住」を取得する人も増え、かれらが「住民として」、地方参政権をもつことを真剣に議論すべき時が来ていると思います。

　もう一点は「ヘイトスピーチ」の法的規制に関する問題です。2013 年の「流行語大賞」をとったことにより「ヘイトスピーチ」自体は、よく知られ

た言葉になりました。しかし、その被害の実態は、きちんと理解されていないように思います。

　ヘイトスピーチとは典型的には、公共の場（道路など）で拡声器を用いて（書くのもためらいますが）「朝鮮人死ね」「ゴキブリ朝鮮人をたたき出せ」などと口汚く罵詈雑言を連呼しながら、デモや街宣をすることを言います。ターゲットは、日本にいる外国人、とくに在日朝鮮人で、かれらを日本から排外しようすることを目的としているようです。

　とくに注目を集めた事件の一つに、2009年12月に京都でおきた、「在特会」メンバーを中心とする「京都朝鮮第一初級学校襲撃事件」があります。これは、朝鮮学校の子どもたちが昼休みを過ごしている時間に、1時間にわたり、学校の南門に集まり、差別街宣を行ったという事件です。子どもたちは、聞くに耐えない罵声を聞くことになりました。その被害とダメージは私たちの想像を超えるものでした。「朝鮮人って悪いことなの？」という質問が子どもたちの口から発せられ、「朝鮮人であることを徹頭徹尾肯定するための場所」であったはずの「朝鮮学校」という場所で受けた被害だったために、大人たちの被害も大きかったことが明らかになっています。この事件は、後に民事・刑事の裁判となり、ともに朝鮮学校側が勝訴し、一応の「解決」はしました。

　しかし、このようなひどい差別街宣を取り締まる法律が日本にはありません。憲法で保障された「表現の自由」との兼ね合いで、法規制に慎重な専門家も多いそうです。しかし、「多文化共生」社会の実現を考えた時に、では、このようなヘイトスピーチ＝犯罪にはどう対応すべきなのでしょうか？　日本社会全体をまきこんだ真剣な議論が必要な時期が来ているでしょう。

　この「あとがき」では、日韓ジョイントパネルでは取り扱うことができなかったものの、しかし日本が今後「人の国際移動と移民政策」を真剣に議論するならば、決して、無視はできないと私が考えている課題を提起してみました。

国際移動してきた人びとが、私たちの地域社会の隣人になっています。私たちの社会はどうあるべきか、今後とも考え続けていきたいと思っています。

文　献

金尚均編著，2014，『ヘイトスピーチの法的研究』法律文化社.
田中宏，2013，『在日外国人　第三版——法の壁、心の溝』岩波新書.
谷富夫，2015，『民族関係の都市社会学——大阪猪飼野のフィールドワーク』ミネルヴァ書房.
谷富夫編著，2002，『民族関係の結合と分離』ミネルヴァ書房.
山本かほり，2015，「『北朝鮮』バッシングと朝鮮学校」平田雅巳・菊地夏野編著『名古屋。ピース・ストーリーズ——ほんとうの平和を地域から』風媒社.
山本かほり，2015，「質的パネル調査からみる在日朝鮮人の生活史」『社会と調査』社会調査研究会 2115，9月，第 15 号.
渡戸一郎・井沢泰樹編，2010，『多民族化社会・日本——〈多文化共生〉のリアリティを問い直す』明石書店.

執筆者および訳者紹介（執筆順）

(執筆者：＊は編者)

＊有田伸(ありた しん)：東京大学教授

李惠景(イ・ヘギョン)：培材大学校教授

鈴木江理子(すずき えりこ)：国士舘大学教授

薛東勲(ソル・ドンフン)：全北大学校教授

関根政美(せきね まさみ)：慶應義塾大学教授

＊西原和久(にしはら かずひさ)：成城大学教授・名古屋大学名誉教授

＊山本かほり(やまもと かほり)：愛知県立大学教授

(訳者)

金泰植(キム・テシク)：獨協大学ほか非常勤講師

(なお、日本語から韓国語への翻訳は、高誠晩・京都大学大学院院生に尽力いただいた)

※本書は「平成27年度成城大学科学研究費助成事業等間接経費による研究支援プロジェクト」の「研究成果の公表（出版等助成）支援」を受けている。

編者紹介

有田　伸（ありた　しん）

東京大学社会科学研究所教授。著書：『韓国の教育と社会階層―「学歴社会」への実証的アプローチ』（東京大学出版会、2006年）、『就業機会と報酬格差の社会学―非正規雇用・社会階層の日韓比較』（東京大学出版会、2016年）。編著：『学歴・選抜・学校の比較社会学―教育からみる日本と韓国』（東洋館出版社、2002年、中村高康・藤田武志と共編）。

山本　かほり（やまもと　かほり）

愛知県立大学教育福祉学部教授。共著書に『民族関係の結合と分離』（ミネルヴァ書房、2003年）、『新版・ライフヒストリーを学ぶ人のために』（世界思想社、2008年）、『ナゴヤ・ピース・ストーリーズ』（風媒社、2015年）などがある。

西原　和久（にしはら　かずひさ）

成城大学社会イノベーション学部教授、名古屋大学名誉教授。著書：『意味の社会学』（弘文堂、1998年）、『自己と社会』（新泉社、2003年）、『間主観性の社会学理論』（新泉社、2010年）、『トランスナショナリズムと社会のイノベーション』（東信堂、2016年）など。編著：『現代人の社会学・入門』（有斐閣、2010年）など。訳書：『シュッツ著作集』（全4巻）、『間主観性と公共性』『社会運動とは何か』（いずれもN.クロスリー著、新泉社）など。

■国際社会学ブックレット 2
国際移動と移民政策―日韓の事例と多文化主義再考―

2016年2月29日　初　版第1刷発行　〔検印省略〕
定価はカバーに表示してあります。

編者©有田伸・山本かほり・西原和久／発行者　下田勝司　　印刷・製本／中央精版印刷

東京都文京区向丘1-20-6　郵便振替00110-6-37828
〒113-0023　TEL (03) 3818-5521　FAX (03) 3818-5514

発　行　所
株式会社 東信堂

Published by TOSHINDO PUBLISHING CO., LTD.
1-20-6, Mukougaoka, Bunkyo-ku, Tokyo, 113-0023, Japan
E-mail : tk203444@fsinet.or.jp　http://www.toshindo-pub.com

ISBN978-4-7989-1337-7 C3336
© ARITA, Shin　YAMAMOTO, Kahori　NISHIHARA, Kazuhisa

国際社会学ブックレット

① 国際社会学の射程
―社会学をめぐるグローバル・ダイアログ―
西原和久・芝真里 編訳

　　　　　Ａ５判・横組・128 ページ　本体 1200 円
　　　ISBN978-4-7989-1336-0 C3336　2016 年 2 月刊

❷ 国際移動と移民政策
―日韓の事例と多文化主義再考―
有田伸・山本かほり・西原和久 編

　　　　　Ａ５判・横組・104 ページ　本体 1000 円
　　　ISBN978-4-7989-1337-7 C3336　2016 年 2 月刊

③ トランスナショナリズムと社会のイノベーション
―越境する国際社会学とコスモポリタン的志向―
西原和久 著

　　　　　Ａ５判・縦組・144 ページ　本体 1300 円
　　　ISBN978-4-7989-1338- 4 C3336　2016 年 2 月刊

　　　　　　　　　　　　　　　　　　　　以下続刊

東信堂

園田保健社会学の形成と展開	山手茂男編著	三六〇〇円
社会的健康論	米林喜綿子	二五〇〇円
保健・医療・福祉の研究・教育・実践	園田恭一編	三四〇〇円
研究道 学的探求の道案内	武川正吾・山手恭男編	二八〇〇円
福祉政策の理論と実際（改訂版）福祉社会学研究入門	平岡公一・山田昌弘・黒田浩一郎監修	二五〇〇円
認知症家族介護を生きる——新しい認知症ケア時代の臨床社会学	三重野卓編	四二〇〇円
社会福祉における介護時間の研究——タイムスタディ調査の応用	井口高志	五四〇〇円
発達障害支援の社会学	渡邊裕子	二三〇〇円
介護予防支援と福祉コミュニティ	松村直道	二五〇〇円
対人サービスの民営化——行政・営利・非営利の境界線	須田木綿子	三六〇〇円
グローバル化と知的様式——社会科学方法論についての七つのエッセー	J・ガルトゥング 大矢澤修次郎訳	二八〇〇円
社会的自我論の現代的展開	船津衛	二四〇〇円
社会学の射程——ポストコロニアルな地球社会学へ	庄司興吉編著	三二〇〇円
地球市民学を創る——変革のなかで	庄司興吉編著	三二〇〇円
現代日本の階級構造——理論・方法・計量・分析	橋本健二	四五〇〇円
文明化と暴力——エリアス社会理論の研究	内海博文	三四〇〇円
人間諸科学の形成と制度化——社会諸科学との比較研究	長谷川幸一	三八〇〇円
現代社会と権威主義——フランクフルト学派権威論の再構成	保坂稔	三六〇〇円
観察の政治思想——アーレントと判断力	小山花子	二五〇〇円
インターネットの銀河系——ネット時代のビジネスと社会	M・カステル 矢澤・小山訳	三六〇〇円
マナーと作法の社会学	加野芳正編著	二四〇〇円
マナーと作法の人間学	矢野智司編著	二〇〇〇円

〒113-0023 東京都文京区向丘1-20-6
TEL 03-3818-5521　FAX 03-3818-5514　振替 00110-6-37828
Email tk203444@fsinet.or.jp　URL:http://www.toshindo-pub.com/

※定価：表示価格（本体）＋税

東信堂

〈シリーズ 社会学のアクチュアリティ：批判と創造 全12巻＋2〉

クリティークとしての社会学──現代を批判的に見る眼 宇都宮京子編	一八〇〇円
都市社会とリスク──豊かな生活をもとめて 西原和久編	一八〇〇円
言説分析の可能性──社会学的方法の迷宮から 藤田弘夫編	二〇〇〇円
グローバル化とアジア社会──ポストコロニアルの地平 浦野正樹編	二〇〇〇円
公共政策の社会学──社会的現実との格闘 佐藤敏樹編	二三〇〇円
社会学のアリーナへ──21世紀社会を読み解く 友枝敏雄編	二二〇〇円
モダニティと空間の物語──社会学のフロンティア 厚東洋輔編	二三〇〇円

【地域社会学講座 全3巻】

地域社会学の視座と方法 三重野卓編	二三〇〇円
グローバリゼーション／ポスト・モダンと地域社会 武川正吾編	二五〇〇円
地域社会の政策とガバナンス 古城利明監修	二五〇〇円

〈シリーズ世界の社会学・日本の社会学〉

タルコット・パーソンズ──最後の近代主義者 中野秀一郎	二七〇〇円
ゲオルグ・ジンメル──現代分化社会における個人と社会 居安正	一八〇〇円
ジョージ・H・ミード──社会的自我論の展開 船津衛	一八〇〇円
アラン・トゥーレーヌ──現代社会学のゆくえと新しい社会運動 杉山光信	一八〇〇円
アルフレッド・シュッツ──主観的意味論と社会的空間 森元孝	一八〇〇円
エミール・デュルケム──危機の時代・再建の社会学 中島道男	一八〇〇円
レイモン・アロン──透徹した警世家 岩城完之	一八〇〇円
フェルディナンド・テンニエス──ゲゼルシャフトする亡命者 吉田浩	一八〇〇円
カール・マンハイム──時代を診断する亡命者 澤井敦	一八〇〇円
ロバート・リンド──内省的批判者／アメリカ文化の 園部雅久	一八〇〇円
アントニオ・グラムシ──『獄中ノート』と批判社会学の生成 佐々木弘	一八〇〇円
費孝通──民族自省の社会学 鈴木鐵滋	一八〇〇円
奥井復太郎──都市社会学と生活論の創始者 藤本久男	一八〇〇円
新明正道──綜合社会学の探究 山本隆	一八〇〇円
米田庄太郎──新総合社会学の先駆者 中島隆男	一八〇〇円
高田保馬──理論と政策の無媒介的統一・家族・研究 川合隆音	一八〇〇円
戸田貞三──実証社会学の軌跡 蓮見音彦	一八〇〇円
福武直──民主化と社会学の現実化を推進	一八〇〇円

〒113-0023　東京都文京区向丘1-20-6
TEL 03-3818-5521　FAX03-3818-5514　振替 00110-6-37828
Email tk203444@fsinet.or.jp　URL:http://www.toshindo-pub.com/

※定価：表示価格（本体）＋税

東信堂

未曾有の国難に教育は応えられるか——「じひょう」と教育研究六〇年	新堀通也	三二〇〇円
新堀通也、その仕事	新堀通也先生追悼集刊行委員会編	三六〇〇円
ポストドクター——若手研究者養成の現状と課題	北野秋男編	三六〇〇円
日本のティーチング・アシスタント制度——大学教育の改善と人的資源の活用	北野秋男編著	二八〇〇円
「再」取得学歴を問う——専門職大学院の教育と学習	吉田文編著	二八〇〇円
航行を始めた専門職大学院	橋本鉱市	二六〇〇円
学級規模と指導方法の社会学——実態と教育効果	山崎博敏	三二〇〇円
夢追い形進路形成の功罪——高校改革の社会学	荒川葉	二八〇〇円
進路形成に対する「在り方生き方指導」の功罪——高校進路指導の社会学	望月由起	三六〇〇円
教育から職業へのトランジション——若者の就労と進路職業選択の社会学	山内乾史編著	二六〇〇円
教育と不平等の社会理論——再生産論をこえて	小内透	三二〇〇円
混迷する評価の時代——教育評価を根底から問う	西村和雄・倉元直樹・木村拓也編	二四〇〇円
拡大する社会格差に挑む教育	西村和雄・大森不二雄・倉元直樹・木村拓也編	二四〇〇円
教育における評価とモラル	西村和雄・大森不二雄・戸瀬信之編	二四〇〇円
〈シリーズ 日本の教育を問いなおす〉		
〈大転換期と教育社会構造：地域社会変革の社会論的考察〉		
第1巻 教育社会史——日本とイタリアと	小林甫	七八〇〇円
第2巻 現代的教養 I ——生活者生涯学習の地域的展開	小林甫	六八〇〇円
第3巻 現代的教養 II ——技術者生涯学習の生成と展望	小林甫	六八〇〇円
第3巻 学習力変革——地域自治と社会構築	小林甫	近刊
第4巻 社会共生力——東アジアと成人学習	小林甫	近刊

〒113-0023 東京都文京区向丘1-20-6
TEL 03-3818-5521 FAX03-3818-5514 振替 00110-6-37828
Email tk203444@fsinet.or.jp URL:http://www.toshindo-pub.com/

※定価：表示価格（本体）＋税

東信堂

〔居住福祉ブックレット〕

居住福祉資源発見の旅…新しい福祉空間、懐かしい癒しの場	早川和男	七〇〇円
どこへ行く住宅政策…進む市場化、なくなる居住のセーフティネット	本間義人	七〇〇円
漢字の語源にみる居住福祉の思想	李 桓	七〇〇円
日本の居住政策と障害をもつ人	大本圭野	七〇〇円
障害者・高齢者と麦の郷のこころ…住民、そして地域とともに	伊藤静美	七〇〇円
地場工務店とともに…健康住宅普及への途	加藤直人	七〇〇円
子どもの道くさ	山本里見	七〇〇円
住むことは生きること…鳥取県西部地震と住宅再建支援	水月昭道	七〇〇円
最下流ホームレス村から日本を見れば	吉田邦彦	七〇〇円
世界の借家人運動	黒田睦子	七〇〇円
精神科医がめざす近隣力再建…進む「砂漠化」、はびこる「付き合い拒否」症候群	中澤正夫	七〇〇円
奈良町の暮らしと福祉…市民主体のまちづくり	片山善博	七〇〇円
居住福祉法学の構想	ありむら潜	七〇〇円
あなたは住まいのセーフティネットを信じられますか？	髙島一夫	七〇〇円
「居住福祉学」の理論的構築	張 秀萍	七〇〇円
柳 中権		七〇〇円
居住福祉資源発見の旅Ⅱ…地域の福祉力・教育力・防災力	早川和男	七〇〇円
居住福祉の世界…早川和男対談集	早川和男	七〇〇円
医療・福祉の沢内と地域演劇の湯田…岩手県西和賀町のまちづくり	金持伸子 高橋典成	七〇〇円
「居住福祉資源」の経済学	神野武美	七〇〇円
長生きマンション・長生き団地	千代崎一夫 山下千佳	八〇〇円
高齢社会の住まいづくり・まちづくり	蔵田力	七〇〇円
シックハウス病への挑戦…その予防・治療・撲滅のために	後藤典夫	七〇〇円
韓国・居住貧困とのたたかい…居住福祉の実践を歩く	迎田允武郎	七〇〇円
精神障碍者の居住福祉…宇和島における実践（二〇〇六〜二〇一一）	全 泓奎	七〇〇円
	財団法人 正光会 編	

〒113-0023　東京都文京区向丘1-20-6
TEL 03-3818-5521　FAX 03-3818-5514　振替 00110-6-37828
Email: tk203444@fsinet.or.jp　URL: http://www.toshindo-pub.com/

※定価：表示価格（本体）＋税